# TOUCHING BASE "CONECTADOS"

## 52 Devocionales para fortalecer el vínculo con tu cónyuge

### SHERMAN Y TAMMY ATEN

Con La Contribución De La Junta Directiva Del Ministerio Aten

# LO QUE ALGUNOS HAN DICHO

Sherman y Tammy Aten han invertido sus vidas en fortalecer a creyentes e iglesias en todo el mundo. Han dedicado sus vidas a construir un matrimonio y una familia sólidos centrados en Cristo. Ahora, extienden ese ministerio a otras parejas a través de Touching Base. Sherman y Tammy son auténticos. Tu vida y matrimonio se enriquecerán con sus perspicacias prácticas y aliento.

**Michael D. Dean,** Pastor Principal de Enseñanza (Jubilado), Travis Avenue Baptist Church, Fort Worth, Texas

Este devocional está lleno de historias que glorifican en última instancia a nuestro Señor. Recomiendo este libro de todo corazón porque su deseo es ver a otros dentro del cuerpo de Cristo ser animados y, lo que es más importante, exaltar a Cristo.

**Michael O'Brien,** Cantante y Compositor

Touching Base expresa el corazón de la palabra de Dios, aplicándola a tu vida. Sherman y Tammy han entretejido 52 devocionales para mejorar cada relación; este libro te inspirará, te animará y te llevará a su misma fuente: la Palabra Viva, Jesús.

**Stephen Richardson,** Pastor Principal, All Nations Church, Carvoeiro, Portugal

Touching Base golpea fuerte al mirar a través de los lentes llamados vida. Nos lleva por giros y vueltas que enfrentamos a diario con honestidad cruda y sabiduría práctica. Este libro desafía al lector a buscar a Dios en cada decisión y duda.

**Tammy Whitehurst,** Conferencista y Autora

Prepárate para enriquecer tu viaje matrimonial con Touching Base. Cada devocional es una luz que guía, ofreciendo una fuente de reflexión y crecimiento para que las parejas compartan a lo largo del año. Este libro encapsula la esencia de la unión, fomentando una conexión más profunda entre los cónyuges y fortaleciendo su vínculo. Deja que estos devocionales semanales sean tu compañero en el camino hacia un matrimonio más sólido y pleno.

**Aurora de Rodriguez**, Directora del Programa Internacional, Global Children's Network, Portugal

Los Aten han sido siervos fieles y efectivos en la obra del Señor durante toda una generación. Y ahora Dios les ha abierto una nueva puerta de ministerio: una guía devocional que presenta las cosas que Dios les ha mostrado a lo largo de los años. Su ministerio ha sido un excelente ejemplo en todas las iglesias.

¡Oh, Cuánto necesitan nuestras familias lo que ellos están *compartiendo!*

**D. L. Lowrie**, Pastor Emérito, First Baptist Church, Lubbock

Orar con tu cónyuge es la inversión más significativa que puedes hacer en tu vida matrimonial, un verdadero desafío para muchas parejas. En Touching Base, encontrarás herramientas sencillas para desarrollar el hábito de tomarse el tiempo para tomarse de las manos y orar juntos como marido y mujer. Seguir a Dios solo es muy difícil. Sin embargo, orar juntos como pareja no solo anima a cada uno como individuo, sino que la presencia del mismo Dios fortalece a ambos. Uno solo puede ser vencido, pero en pareja se puede resistir. ¡Un cordón de tres dobleces no se rompe fácilmente!

**Elías José y Eglee Bolívar De Hernández**, Pastores, El Amor De Dios Iglesia Bautista Coro, Falcón, Venezuela

Fuimos profundamente conmovidos por la sabiduría y la orientación que ofrece este libro. Combina consejos prácticos con percepciones espirituales, ayudando a las parejas a fortalecer su vínculo, crecer en el amor y nutrir su fe juntos.

**Mr. & Mrs. Shehrazer Dawood**, Directores, St. Thomas Liceo Cristiano , Lahore, Pakistán

El enfoque de estos devocionales semanales es Jesucristo y cómo Él obra en nuestras vidas como profeta, sacerdote y rey, particularmente en los matrimonios. Touching Base es una colección de devocionales bien escritos con mensajes importantes para adultos, padres y amigos que caminan juntos. Para aquellos de nosotros que estamos casados, en estos días de divorcio, problemas con la orientación sexual y descomposición de la familia nuclear, Dios necesita ser el "tercer hilo" del cordón que representa la unión de un hombre y una mujer en sagrado matrimonio. Este libro nos ayudará a recordar que "el viaje es el destino".

**Coronel James Lenard**, Cuerpo de Marines de los EE. UU. (Jubilado)

Este magnífico libro enriquecerá y construirá la vida de muchas personas, de matrimonios y de familias. Transmite la vida, con experiencias reales, que bendecirán su vida al ponerlas en práctica.

**Pastor Lucas Medina**,
Padre de la Obra Bautista en Falcón, Coro, Venezuela

Touching Base se concentra en la experiencia práctica maravillosa de muchas parejas casadas que pasaron por pruebas difíciles en su vida y en su relación, pero sin perder su esperanza en Dios. En cada página, se puede ver el enfoque en Dios, Su cercanía a nosotros y Su sincero interés en construir una Familia Cristiana feliz.

**Sergii Syzonenko**, Pastor Principal,
Iglesia Bautista Central, Dnipro, Ucrania

Las lecturas semanales del libro integran sin problemas la sabiduría bíblica y percepciones prácticas, fomentando una conexión y comunicación más profunda entre los cónyuges. Su lenguaje comprensible y experiencias con las que se puede identificar, junto con preguntas reflexivas, estimularán la discusión para las parejas comprometidas a nutrir y fortalecer su relación y fe dentro del marco del matrimonio *cristiano*.

**Dr. Bobby Hall**, Presidente,
Universidad Bautista Wayland

Amabilidad, comprensión y un corazón pastoral son las cosas que vienen a mi mente cuando pienso en Sherman y Tammy Aten. A lo largo de este libro, disfruta el observar a parejas que buscaron avanzar en el Evangelio a través de sus vidas, sin importar las circunstancias o restricciones. ¡Lee y sé bendecido!

Zack Randles, Pastor Principal,
Iglesia Waterfront, Washington, *D.C.*

Cada devocional habla de la Verdad de Dios obrando en situaciones de la vida real. Leer sobre cómo Su verdad obra en la vida de otros creyentes me ayuda a ver claramente cómo esa verdad puede *funcionar* en mi vida. La verdad de Dios nunca cambia, y Su verdad puede siempre cambiar un corazón que desea escuchar. Serás bendecido y transformado por la verdad de Dios en los devocionales contenidos en Touching Base.

**Rodney Cavett**,
Presidente Emérito de la Comisión International

Sherman y Tammy no evitan abordar estas dificultades, a medida que entregan esperanza a través de la Palabra de Dios. Las historias en este libro revelan las realidades de las vidas de las parejas y nos animan a ver la vida a través de la Palabra de Dios. Al dedicarse a la lectura de estos devocionales, su familia será bendecida con la esperanza y la sabiduría de Dios.

**Rui Sabino**, Pastor de la Iglesia Bautista Queluz y
Presidente de la Convención Bautista, *Portugal*

Touching Base es un libro devocional importante para las parejas que desean no solo sobrevivir, sino prosperar en su matrimonio. Es extremadamente útil que cada capítulo de este libro termine con desafíos y temas para ser discutidos con tu cónyuge. Hay muchos libros y devocionales útiles sobre el matrimonio. Aun así, éste es súper especial porque no es sólo para ser leído, sino para ser trabajado en oración, juntos.

**Rusty Ford**, Misionero de IMB, España

Copyright © 2025 por **Sherman y Tammy Aten**

Todos los derechos reservados. Ninguna parte de esta publicación puede ser reproducida, almacenada en un sistema electrónico o transmitida de cualquier forma o por cualquier medio, electrónico, mecánico, fotocopia, grabación u otro, sin el permiso previo del autor, excepto con citas breves utilizadas en reseñas literarias y usos específicos no comerciales permitidos por la ley de derechos de autor. Por favor, utilice la información de contacto al final de este libro para solicitar permisos.

Las opiniones expresadas en este libro son del autor y no necesariamente reflejan las de la editorial.

Las referencias bíblicas marcadas como "NVI" son tomadas de la Nueva Versión Internacional. Santa Biblia, New International Version®, NVI® Copyright ©1973, 1978, 1984, 2011 por Biblica, Inc.® Utilizado con permiso. Todos los derechos reservados en todo el mundo.

Las referencias bíblicas marcadas como "ESV" son tomadas de The Holy Bible, the English Standard Version. ESV® Text Edition: 2016. Copyright © 2001 por Crossway Bibles, un ministerio editorial de Good News Publishers.

Las referencias bíblicas marcadas como "NKJV" son tomadas de la New King James Version®. Copyright © 1982 por Thomas Nelson. Utilizado con permiso. Todos los derechos reservados.

Las referencias bíblicas marcadas como "AMPC" son tomadas de Copyright © 1954, 1958, 1962, 1964, 1965, 1987 por The Lockman Foundation.

Las referencias bíblicas marcadas como "NLT" son tomadas de la New Living Translation, Nueva Traducción Viviente, copyright © 1996, 2004, 2015 por la Fundación Tyndale House . Utilizado con permiso de Tyndale House Publishers, Inc., Carol Stream, Illinois 60188. Todos los derechos reservados.

Las referencias bíblicas marcadas como "HCSB" son tomadas de la Holman Christian Standard Bible, Copyright © 1999, 2000, 2002, 2003, 2009 por Holman Bible Publishers, Nashville, Tennessee. Todos los derechos reservados.

Las referencias bíblicas marcadas como "GNT" son tomadas de la Good News Translation® (Today's English Version, Second Edition) © 1992 Sociedad Bíblica Americana. Todos los derechos reservados.

Las referencias bíblicas marcadas como "NCV" son tomadas de The Holy Bible, New Century Version®. Copyright © 2005 por Thomas Nelson, Inc.

Portada y Diseño Interior © 2025 Harvest Creek Publishing and Design
www.harvestcreek.net

Traducción al español por: Aurora De Rodríguez

Información para Pedidos: Descuentos especiales disponibles en compras al por mayor por iglesias, asociaciones y otros. Para más detalles, por favor, contacte al autor usando la dirección indicada al final del libro.

**Touching Base "Connectados"**—1ra edición

ISBN: 978-1-961641-37-2

Impreso en los Estados Unidos de América

# CONTENIDO

LO QUE ALGUNOS HAN DICHO................2
CONTENIDO .........................9
DEDICATORIA ......................13
PRÓLOGOS ........................15
INTRODUCCIÓN ....................17
EL BENEFICIO DE LA DUDA ..........21
LOS HUESOS ......................25
LA DANZA.........................29
DÉBITOS Y DEPÓSITOS .............33
MOMENTOS DECISIVOS: ELIGE SABIAMENTE ........37
CENA CON UN PERFIL ..............41
D.I.V.O.R.C.I.O. ....................47
DISFRUTA MOMENTOS ..............51
ENCONTRAR LA PLENITUD EN CRISTO............55
PERDÓN ..........................59
EL DIOS DE TODA CONSOLACIÓN .....63
DIOS MUÉSTRAME..................67
¿CÓMO SE LEE TU LIBRO? ..........71
¿QUÉ TAN CENTRADO EN LO CELESTIAL ESTÁ TU ....75
YO REPARÉ LO QUE TU ROMPISTE ...............79

¿QUIÉN ES EL RESPONSABLE AQUÍ? . . . . . . . . . . . . . . 83
DÉJALO IR . . . . . . . . . . . . . . . . . . . . . . . . . . . . . . . . . . 87
LA PÉRDIDA DE UN SUEÑO . . . . . . . . . . . . . . . . . . . . 91
AMOR Y RESPETO: UNA CUESTIÓN DE VIDA O MUERTE . . 95
MATRIMONIO EN EL DICCIONARIO . . . . . . . . . . . . . . 99
EL MATRIMONIO IMPORTA . . . . . . . . . . . . . . . . . . . 103
MASCULINIDAD, NO PASIVIDAD . . . . . . . . . . . . . . . 107
MASCULINIDAD, NO TIRANÍA . . . . . . . . . . . . . . . . . 111
¿ME PUEDES DAR TU AUTÓGRAFO? . . . . . . . . . . . . 115
MI HOMBRE . . . . . . . . . . . . . . . . . . . . . . . . . . . . . . . 121
UN MISTERIO Y UN MILAGRO . . . . . . . . . . . . . . . . 125
NUNCA TE DEJARÉ IR . . . . . . . . . . . . . . . . . . . . . . . 129
¡RECIÉN CASADOS OTRA VEZ! . . . . . . . . . . . . . . . . 135
PERFECCIÓN Y CÓMO ALCANZARLA . . . . . . . . . . . 139
PERMISO PARA QUE ME AMES (Y ME HIERAS) . . . . 145
ORACIÓN, PACIENCIA Y ALABANZA . . . . . . . . . . . . 149
EL ROMPECABEZAS . . . . . . . . . . . . . . . . . . . . . . . . . 153
REFLUJO . . . . . . . . . . . . . . . . . . . . . . . . . . . . . . . . . . 159
ELLA ES LA INDICADA . . . . . . . . . . . . . . . . . . . . . . 163
ESTAR PRESENTE . . . . . . . . . . . . . . . . . . . . . . . . . . 169
SEIS PALABRAS . . . . . . . . . . . . . . . . . . . . . . . . . . . . 173
NOCHES SIN DORMIR . . . . . . . . . . . . . . . . . . . . . . . 177
DETENER LAS COMPARACIONES . . . . . . . . . . . . . . 181
DIEZ MANERAS DE PERMANECER UNIDOS
    TODA LA VIDA . . . . . . . . . . . . . . . . . . . . . . . . . . 185

A TRAVÉS DE LOS OJOS DE UNA NIÑA. . . . . . . . . . . . 189
PARA ESOS HOMBRES: CÓMO CALMAR ESOS
    ESPAGUETIS . . . . . . . . . . . . . . . . . . . . . . . 195
ENTENDIENDO LAS FORMAS . . . . . . . . . . . . . . . . . . 199
UN FRENTE UNIDO . . . . . . . . . . . . . . . . . . . . . . 203
LA VISIÓN DE UN MATRIMONIO BENDECIDO . . . . . . . 207
LO QUE TODO HOMBRE DESEA QUE SU ESPOSA
    SEPA SOBRE EL DÍA DE SAN VALENTÍN. . . . . . . . . 211
¿QUÉ SUCEDE CUANDO EL CUENTO DE HADAS
    SE VUELVE REAL?. . . . . . . . . . . . . . . . . . . . . 215
¿QUÉ HAY DETRÁS DE ESE MURO? . . . . . . . . . . . . . . 221
¿DÓNDE ESTÁS CONSTRUYENDO TU CASA? . . . . . . . . 225
¿CON QUIÉN ESTÁS HABLANDO EN EL JARDÍN? . . . . . 229
¿POR QUÉ ME AMAS? . . . . . . . . . . . . . . . . . . . . . 233
¡JUEGUEN LIMPIO TODOS!. . . . . . . . . . . . . . . . . . 237
VAN A EXTRAÑAR ESTO . . . . . . . . . . . . . . . . . . . 241
SOBRE LOS AUTORES . . . . . . . . . . . . . . . . . . . . . 247
COLABORADORES. . . . . . . . . . . . . . . . . . . . . . . 249
INFORMACIÓN PARA CONTACTARNOS . . . . . . . . . . 255

# DEDICATORIA

*Tammy y yo queremos hacer un encargo fuerte y valiente (como un capitán haría con sus soldados) al dedicar este libro. Nuestro encargo es para los que han sido capacitados para llevar nuestro legado a la próxima generación y más allá: a nuestro hijo y nuestra hija, Josh y Brooke.*

*Y con grandes expectativas, este encargo también lo hacemos a los hijos de todos nuestros autores/colaboradores. Que internalicen las verdades espirituales que hemos vivido delante de ellos y le recuerden al mundo la belleza del matrimonio y la familia, ¡conforme a la manera de Dios!*

*A*
*Pamela, Kimberly, Kristen, Hailey, Tanner,*
*Michelle, Daniel, Stephen, Esther, Christopher, Jonathan,*
*Jennifer, Alyssa, Brianna,*
*Robert John, Ryan, Sarah, Brandon,*
*Mindy, Dalese, Donna, Zack, Sam, Hayley,*
*Jason, Steven, Warren, Marina, Christian, Tori, y Kinna Blair,*
*dedicamos este libro a ustedes.*

# PRÓLOGOS

DE VEZ EN CUANDO, te encuentras con alguien especial que captura significativamente tu corazón. Eso nos ocurrió cuando compartimos el liderazgo en campañas de avivamiento de una iglesia al este de Texas hace varios años con Sherman y Tammy. Son talentosos músicos y conectaron fácilmente con muchos de los adolescentes e incluso con adultos mayores que vinieron a esos servicios.

Pero lo que más nos impresionó fue que son personas reales con un ministerio real. Han estado sirviendo al Señor durante décadas, y su versatilidad y flexibilidad son notables. Sherman y Tammy con su talento musical, comparten el Evangelio en todo el mundo.

Atraen a creyentes de todos los ámbitos, pero centran sus esfuerzos en asistir a líderes del ministerio cristiano, para fortalecer sus vidas personales y matrimonios. Compartimos uno de los retiros matrimoniales que ellos promueven, en la ciudad de Granbury, Texas, hace algunos años, y cada año exploran nuevas oportunidades en países de todo el mundo.

Su ministerio ha impactado a ministros y esposas en lugares como Pakistán, Turquía, Ucrania, España, Portugal, Aruba, Filipinas, Venezuela y en todo Estados Unidos. Los Aten pueden comunicar las verdades de Dios en nuestro país y en diferentes países, especialmente en lugares donde el Evangelio no es tan conocido. Su ministerio se destaca porque lideran con el ejemplo y viven de acuerdo con sus enseñanzas. No hay nada mejor que eso; ¡son auténticos!

Estas páginas son preciosas verdades bíblicas presentadas de manera convincente, creíble y efectiva. La intención no es presionar a los lectores con estos mensajes. Práctica y bíblicamente, estas páginas están escritas con pasión y compasión.

Están dedicados a servir dondequiera que Dios les guíe. Las páginas que tienes ante ti son el resultado de sus años de ministerio, junto con la junta directiva de su ministerio. Léelas y sé bendecido. Aplica las verdades en estas páginas, y tu vida y matrimonio serán transformados. Estamos emocionados de presentarte este libro extraordinario.

—Jimmy y Carol Ann Draper,
Presidente Emérito de LifeWay Christian

# INTRODUCCIÓN

EN 2020, pasamos mucho tiempo sentados, pensando, ordenando cosas . . . mientras procesábamos esta nueva experiencia de una pandemia. Debíamos haber viajado a Pakistán con nuestros amigos Scott y Lori Dix para realizar una Conferencia Cristiana sobre Matrimonios durante la primera semana de Marzo. Yo había estado en Pakistán varias veces, pero esta sería la primera vez con mi esposa. Sin embargo, nuestras visas seguían siendo rechazadas, sin explicación. Mmmm... Estaba confundido.

Ojalá, Dios me hubiera dado alguna señal de que este viaje no se llevaría a cabo, así no habría gastado mi tiempo y Su dinero tratando de hacerlo una realidad. ¡Pero, y si hubiera sucedido! ¡Oh, de lo que Dios nos libró! Nos hubiéramos quedado en quién sabe dónde, en algún lugar entre Texas y el Medio Oriente, con nuestras preciosas esposas, mientras el mundo empezaba a cerrarse.

20/20 en retrospectiva (2020, ¿entendiste?). Bueno...

Así comenzó la cancelación de los siguientes tres meses de nuestro calendario ministerial. ¡Vaya! ¿Qué está sucediendo? ¿Y cómo haremos en términos financieros, *mentales, emocionales y ffsicos*?

Comencé a analizar cada área de mi vida: ministerio, familia y amigos. ¡Qué viaje lleno de experiencias y aprendizajes habíamos tenido como familia, una aventura que comenzó el Día de Acción de Gracias en Noviembre de 1990! Dios dio a luz al Ministerio Aten a través de los escritos de Henry Blackaby en *"Mi Experiencia con Dios"*. El Dr. Blackaby vino a nuestra iglesia en Artesia, Nuevo México, donde yo servía como parte del equipo principal, y actuó como siempre: simplemente compartió lo que Dios estaba haciendo y cómo podríamos unirnos a Él en Su obra.

Como pareja, y estando ambos cerca de los 30 años de edad, comenzamos a orar para que Dios nos mostrara dónde Él estaba obrando. ¡Y Él lo hizo! En un año, ministerio de fe en el evangelismo musical, nos mudamos a Texas y viajamos por todo el país y el mundo. ¡No teníamos idea de lo que estábamos haciendo! Simplemente sabíamos que Dios lo estaba guiando, así que dijimos "Sí" y nos fuimos.

Gran fe o valentia de la juventud ignorante, podrías pensar. Pero realmente No. Fue simplemente obediencia. El Señor nos pintó un cuadro así y nos preguntó: "¿Lo harán?" Ha sido así desde entonces. Luego, como cinco años después, nos dio a nuestra hija, Brooke, completando nuestro cuarteto.

Después de haber estado en carretera un par de años, a Tammy le surgió la idea de tener un retiro matrimonial con nuestra Junta Directiva; la mayoría de ellos eran pastores involucrados en lo que entonces eran los "Festivales de Otoño para Matrimonios" de Lifeway. Así que tuvimos nuestro primer retiro en el Campamento de la Asamblea Bautista de Floydada, Texas.

Estas celebraciones matrimoniales se convirtieron en algo que hacíamos solo por diversión, entre nuestras presentaciones musicales. Lentamente organizamos las cosas a medida que pasaba el tiempo y basamos el ministerio en Eclesiastés 4:12, que dice: "Cuerda de tres hilos no se rompe fácilmente". Ese había sido nuestro lema desde el día de nuestra boda. Tammy y yo nos casamos un 31 de Agosto. Escribí una canción para nuestra boda llamada "Esta Vez", que hablaba de los tres como Uno. Así que, con toda la experiencia y actividades que habíamos vivido, nacieron las Conferencias Matrimoniales Three2One.

Bueno, no teníamos idea de cómo sería el estado del matrimonio en el contexto mundial del 2023. Era algo irreconocible. Hemos visto cómo las relaciones tradicionales, bíblicas, de hombre y mujer pierden su lugar sagrado en la sociedad. Muchos hoy en día creen que el matrimonio es anticuado, y que casarse no es realmente necesario. ¡Alguno olvidó que esta fue la idea de Jehová Dios, el Creador,

¡no la nuestra! Así fue cómo comenzó cada nación en el mundo, construida sobre una UNIDAD FAMILIAR: hombre, mujer e hijo. Entonces, junto a mi esposa y a nuestra Junta Directiva elegida por nuestro Dios, Me gustaría compartir nuestras historias contigo, con libertad, pero a su vez con vulnerabilidad. Son historias de milagros, son dolorosas, son hermosas. Estas historias son reales porque nosotros como parejas somos reales cada día de nuestras vidas.

Este libro está diseñado para ser utilizado como devocional semanal en pareja. Una vez a la semana, durante un año. ¡Y sí, pueden repetirlo! Hay 52 devociones (incluyendo dos "bonos mileniales") destinados a ser leídos con su conyugue al menos uno cada siete días.

Estas devociones te ayudarán a "Tocar la Base" (Touch Base). Y al igual que en un juego de béisbol, debes tocar todas las bases para llegar al "home". Sabemos lo difícil que es tomarse el tiempo para conectarse, pero nuestra oración es que este libro te ayude.

Esperamos que sepas que tu unión matrimonial es la relación más significativa que tendrás con otro ser humano mientras respiras en este planeta. **Tu matrimonio será en última instancia tu logro más grande.** No tu carrera, tu talento, tus graneros o todo lo que hayas hecho por otras personas.

Es la imagen de Jesús, el Novio, y Nosotros, Su Novia, unidos como Uno. Cuando ya lo hayan hecho todo en la vida y vuelvan a estar solos, los dos, serás bendecido al conocer a esa persona, quien todavía comparte tu cama después de todos estos años. Ese es el camino de Dios. ¡Es hermoso!

# EL BENEFICIO DE LA DUDA

OTÓRGALO. Y hazlo todos los días. Señora, tu esposo te ama. Te eligió. Se casó contigo. Eres "la única" por encima de todas las demás. Él es tu esposo.

Y viceversa para los hombres. Tu esposa te ama y te respeta y quiere lo mejor para ti. De verdad. Estas son verdades absolutas. ¡Así que recuérdalas a menudo!

La pareja escritora del prólogo de este libro, el Dr. Jimmy y Carol Ann Draper, se ha convertido en queridos amigos nuestros durante los últimos años. Hemos trabajado con ellos en el ministerio eclesiástico y los hemos recibido como oradores invitados para nuestra Conferencia anual del día de los enamorados Three2One, en el lago Granbury. Ellos son un tesoro nacional, y para nosotros, ser conocidos por ellos es un honor que recibimos con humildad en nuestro corazón.

Uno de mis consejos matrimoniales favoritos es de Carol Ann, donde comparte cómo ella y Jimmy han aprendido a evitar un conflicto antes de que se convierta en una pelea. Bueno, tal vez no te gusta la palabra "pelea". ¡A mí tampoco! Así que llamémoslo discusión, desacuerdo acalorado, disputa, riña, altercado o simplemente irritarse mutuamente. Este consejo es para la prevención del conflicto diario entre esposo y esposa.

Probablemente no funcione cuando intencionalmente atacas para dañar, en modo "batalla". Pero cuando Jimmy dice algo (lo siento, pero generalmente es el hombre) que Carol pudo haber escuchado como hiriente, ella pensará que *Jimmy ha dicho algo que requiere que me recuerde que Yo soy su esposa, amante y reina. Elegiré darle el beneficio de la duda.*

Entonces ella le dice, "Jimmy, eh, ¿puedes decir eso, que acabas de decir de *manera diferente*?"

Eso le da la oportunidad a él de reconsiderar, *Hmmm. ¿Fue lo que dije o cómo lo dije?* ¡Y esa pequeña técnica puede ser mágica!

Los esposos pueden, en momentos aleatorios, hablar con sus esposas de formas que suenen ofensivas o hirientes y ni siquiera darse cuenta. No estábamos tratando de lastimarlas. ¡Fue nuestro lenguaje corporal y nuestro tono, TONO, **TONO, TONO!**

Entonces, la próxima vez que uno de ustedes diga "Lo que sea" al otro, y que le afecte más de lo que debería, intenta esto:

1. **Da el beneficio de la duda.** Recuérdese a sí mismo esas verdades absolutas que mencioné al principio. Elija no molestarse fácilmente. Luego,
2. **Pídale a su cónyuge que lo diga de manera diferente.**

Puede que no sea mágico, pero literalmente puede hacer que algunas cosas desaparezcan.

---

*El amor no hace nada indebido, no busca lo suyo, no se irrita, no guarda rencor.*
1 Corintios 13:5

---

--SHERMAN ATEN

TOUCHING BASE "CONECTADOS"

# Alimento Para El Pensamiento

Revisa las frases a continuación que son comúnmente utilizadas en el matrimonio. Practica decirlas de manera diferente. Piensa en el tono que podrías usar al decirlas.

¿Hará alguna diferencia un tono más suave?

- ¿Qué pasa? ¡Nada!
- Nunca haces ___.
- Siempre haces _.
- Eres igual que tu madre/padre.
- ¿Por qué tomas las cosas de manera personal?

¿Ves cómo estas afirmaciones podrían reformularse para decirse suavemente, y que mantengan abiertas las líneas de una comunicación efectiva? Decide pausar antes de decir algo que podría erosionar la comunicación positiva entre tu cónyuge y tú.

# LOS HUESOS

TAL VEZ ALGUNOS de ustedes han escuchado esa canción de Maren Morris llamada *"The Bones"*. Si no, tal vez deténgase un momento y escúchela rápidamente para que tenga una mejor idea de lo que voy a decir. Cuando mi esposo, Marshall, y yo escuchamos esta canción por primera vez en 2019, nos sentimos abrumados por cómo nos identificábamos con la letra cuando se trataba de nuestra relación. Como toda pareja, tenemos nuestros altibajos. Aquí les dejo parte de nuestra historia.

Marshall y yo crecimos en el mismo pueblo natal. Incluso asistimos a la misma iglesia cuando éramos niños. Nos conocíamos "de vista" simplemente porque él y mi hermano eran amigos. Dado que él tenía cinco años más que yo, no nos veíamos mucho hasta más adelante en la vida. No fue sino después de graduarme de la universidad, que nuestros caminos se cruzaron nuevamente. Luego, unas cuantas veces se convirtieron en más veces, y finalmente, comenzamos a salir. Él se convirtió en mi mejor amigo.

Estuvimos juntos durante tres años antes de casarnos. Aunque éramos cristianos y teníamos una relación con el Señor, nuestra relación no era perfecta en lo absoluto. Dependíamos mucho el uno del otro en lugar de depender de Dios en ese momento, y terminamos viviendo juntos antes de casarnos.

*Dependíamos mucho el uno del otro en lugar de depender de Dios.*

Tal vez puedas relacionarte con nuestra historia. Debido a nuestra relación con el Señor, luché mucho con la convicción de vivir juntos. Batallé contra mi convicción, pensando que estaba bien y que estábamos bien. En la cultura actual, todos viven juntos, ¿verdad?

En el fondo, sabía que mi relación con el Señor estaba sufriendo, así que Marshall se mudó. Vivimos separados durante un año y medio antes de casarnos. Y debido a nuestra obediencia, ahora somos más fuertes que nunca.

Estamos agradecidos de que nuestro Dios sea perdonador y ofrezca redención completa. Como enseña el Salmo:

> *Tú, Señor, eres bueno y perdonador;*
> *tu gran amor se derrama sobre todos los que te invocan.*
> *Salmo 86:5 NVI*

Como dice la letra de la canción, "Cuando los huesos están buenos, lo demás no importa. Sí, la pintura podría desconcharse, los vidrios romperse. Déjalos que se rompan, porque tú y yo seguimos siendo los mismos". Porque Marshall y yo ambos teníamos una relación con Jesús, el Señor nunca se dio por vencido con nosotros. ¿Fue fácil? No. Fue desafiante, y sí, los vidrios parecían quebrarse varias veces, pero nuestra relación con el Señor solo se fortalecía.

> *Seguro estoy de que la bondad y el amor me seguirán*
> *todos los días de mi vida; y en la casa del*
> *Señor habitaré para siempre.*
> *Salmo 23:6 NVI*

Los Buenos Huesos son los cimientos de nosotros dos al tener una relación personal con Jesús y poner a Dios primero. Tal vez estés o hayas estado en una situación similar. Pon a Dios en primer lugar en tu relación y observa lo que Él hará.

-Brooke Aten Cochrum

# Alimento Para El Pensamiento

A veces, justificamos el pecado con la excusa de que "todos lo hacen". Pero Dios no excusa el pecado. Y no honra nuestras excusas. Él perdona nuestro corazón arrepentido.

Una de las defensas más antiguas, desde los tiempos de Adán y Eva, es culpar a otro por nuestros pecados. Si eres ya de cierta edad, recordarás a un comediante de televisión cuyo lema era: "El diablo me hizo hacerlo". El diablo no puede obligarte a hacer nada, ni a desobedecer las leyes de Dios. Sin embargo, intentará influir en tu punto de vista para que caigas en la trampa de justificar hechos pecaminosos.

Lee los siguientes pasajes bíblicos. ¿Qué excusas dieron estas personas para justificar sus acciones y qué deberían haber hecho en su lugar? ¿Cómo podemos aprender de ellos?

- Lucas 14:16-24, Los invitados al banquete del rey

- Juan 5:1-15, El paralítico de Bethesda

- Éxodo 32:22-24, Aarón, el hermano de Moisés

- Jueces 6:12-15, Gedeón

- Génesis 3:12, Adán y Génesis 3:13, Eva

# LA DANZA

YO CRECÍ en el oeste de Texas, donde la música country y del oeste marcaron mi cableado mental, sintonizado con mensajes masculinos en mezclas de Country y Oeste:

- ✓ **Trabaja duro:** Preferiblemente en un camino de tierra con una granja.
- ✓ **Bebe más:** No hay nada que una cerveza no pueda arreglar, no hay dolor que no pueda quitar.
- ✓ **Engánchate:** Solo un revolcón, yo debo tenerte.
- ✓ **Alabanza conveniente:** Eso es lo que me gusta de los domingos en las mañanas.

La confusión surge al seleccionar canciones y falsas melodías con letras equivocadas sobre lo que significa ser hombre. La mayoría de las notas que se tocan vienen de las rocolas equivocadas.

Al crecer, aprendí tres cancioncitas:

- ✓ Los hombres machos no lloran.
- ✓ Los Chicos siempre serán Chicos. Y,
- ✓ Los Chicos ganan a cualquier costo.

¿Podemos descargar una melodía para escapar de la visión encajonada, ver los puntos ciegos y encauzar la energía existente para moldear a los chicos en hombres y a los hombres en mejores hombres? La Biblia canta una historia más amplia de una vida más grande con un futuro mejor. Con mis disculpas a la cantante Maren Morris, Jesús provee buenos huesos. Por lo tanto, la base es sólida incluso si la pintura se cae y el vidrio se quiebra.

Génesis 1:27 considera a los hombres y a las mujeres como reyes y reinas, creados para gobernar juntamente con dos ases bajo la manga: Dignidad y diversidad. Los hombres están diseñados para ejercer cuidadosamente la autoridad, asumir responsabilidad, proporcionar seguridad y vivir de manera productiva.

Pero gobernar en conjunto no es llevar coronas, beber en copas y gritar. Es una metáfora útil para gobernar juntos con Dios como reyes. Si los hombres bailan a la música descargada por nuestro Creador, cuidarán lo que se les conffe (trabajos, esposas, hijos) como Dios lo haría. La gente puede tener una imagen más clara de la danza que Dios diseña al observar a hombres piadosos reflejar su bondad y gracia mientras vivimos cada día.

Aquí tienes la realidad. No soy un buen bailarín. Soy Bautista. Yo me tropiezo y caigo, y de alguna manera no puedo combinar la melodía y el ritmo. La mayoría de nosotros, de manera similar, no somos fluidos en la fe y perdemos la música que Dios toca. Nuestros corazones están sintonizados con dulces y atractivas melodías que nos llevan por mal camino. Conocemos el coro adecuado en lo más profundo de nuestro ser, pero bailamos a ritmos tontos y sencillos creados por falsos compositores que crean melodías pegajosas que maldicen nuestra cultura.

¿Cómo pueden ayudar las esposas? Anime a su esposo cuando lidere. Felicite sus intentos torpes de vivir la danza de Jesús. Hágale cumplidos incluso por el paso más pequeño en su baile. Lo verás bailar más y amar mejor.

—Dr. Joe Stewart

# Alimento Para El Pensamiento

Es hora de poner buena música y bailar toda la noche con tu cónyuge. Elige una de las siguientes ideas para encontrar una conexión más profunda:

- Escribe una nota a tu pareja expresando amor y agradecimiento por cómo cuida todo lo que Dios les ha dado.
- Permite que tu pareja dirija uno o dos bailes. Tómate un momento de descanso en la toma de decisiones y déjalo elegir el restaurante o instruir a los niños sin tu intervención.
- Trabaja para encontrar sincronía en el ritmo de tu semana. Si tu pareja duerme hasta tarde, mantén la casa tranquila. Si se quedan despiertos hasta tarde, extiende un poco tu día para encontrar equilibrio y comprensión en tu relación.

# DÉBITOS Y DEPÓSITOS

COMO NUESTRO PADRE ES, así debemos ser. Obviamente, Él es todas las cosas que nosotros no podemos ser sin Él. Y ni siquiera nos pediría que seamos como Él, si no nos diera todo lo necesario para serlo (es decir, el Espíritu Santo). Pero según Lucas 24:49, ese poder solo surge si realmente lo queremos.

Comencemos con tu cuenta bancaria primero. Eso mismo, ha sido conocido por arruinar un matrimonio de manera permanente. El dinero ha sido una causal del divorcio tan frecuente, que a menudo reemplaza a la infidelidad, y se convierte en el número uno en la lista de "Razones para el divorcio".

Entonces, ¿Cómo deberíamos ser igual a Jesús, cuando se trata de la cantidad de dólares que ganamos? Bueno, entérate: Él es un Dador. ¡En Verdad! Él es el Dador Supremo.

Y así como Él, nosotros estamos hechos y destinados a dar. Pero ... Nuestra naturaleza está inclinada en la dirección opuesta. Es posible que no quieras admitirlo, pero es nuestra carne egoísta con la que debemos lidiar diariamente. Es posible que te guste dar, e incluso poner a los demás y sus necesidades por delante de las tuyas. Pero en algún momento, cuando estás solo en tu sillón por la noche, es posible que pienses que no has recibido lo que mereces de alguien, ya sean tus hijos, tu cónyuge, tus amigos o tu iglesia. ¡Uf, ahí está! Pero volvamos al tema... dinero.

Tengo un amigo que se convirtió al cristianismo cuando ya era mayor, de cierta edad. Pero cuando lo hizo, dio un cambio completo en sus pensamientos y comportamiento.

> *El trabajo debe comenzar con tus motivos; tu dar siempre será un asunto del corazón.*

Y así es el arrepentimiento. Lo que sucedió con sus finanzas es una de las cosas más inspiradoras y reveladoras que sé sobre él.

Comenzó a intentar hacer las cosas a la manera de Dios, incluso usando los consejos del libro Tranquilidad Financiera de Dave Ramsey (lo cual es una buena idea para la mayoría de nosotros). Mi amigo me dijo que cuando escribe su presupuesto, lo cual hace regularmente, coloca todos sus diezmos, ofrendas, regalos a otros y cosas que su mano izquierda no sabe, en la columna de "más +".

No están enumerados en los débitos. ¡Espiritualmente, eso es tan correcto! Donde esté tu tesoro, allí estará tu corazón. El trabajo debe comenzar con tus motivos; tu dar siempre será un asunto del corazón.

Tomemos el matrimonio, por ejemplo. Nuestro Padre es el autor original de esta "vida amorosa" que tenemos con nuestro conyugue. Como criaturas pecaminosas, fallaremos en el viaje, debitando de nuestra cuenta. Y lo haremos mucho a lo largo de los años.

Pero al igual que en tu cuenta bancaria real, solo puedes debitar si tienes suficientes depósitos. Oh, si puedes hacer algunos débitos sin suficientes depósitos para cubrirlos. Pero entonces, más te vale estar alerta porque los cargos por sobregiro, los cheques devueltos, las cartas embarazosas y las llamadas telefónicas te pondrán en la Zona Roja. Y una vez que se ha hecho el daño, no se olvidará tan pronto, ni por tu banco, ni por el agente bancario que recibió tu caso.

Y en tu cuenta matrimonial, esos sobregiros tampoco serán olvidados por completo. El amor realmente cubre una multitud. Pero eso solo significa que has hecho suficientes depósitos para cubrir esos débitos que has tomado, a veces de manera inconsciente, del último mes o de los últimos 30 minutos. Pues has hecho intencionalmente varios depósitos durante ese tiempo, por lo que estás operando en positivo sin excedentes en números rojos.

No estoy diciendo que necesitas mantener tu saldo cerca de cero. El número de débitos siempre debe ser menor que el número de depósitos. Si tienes un débito recurrente de tu cuenta cada semana, probablemente empezarás a pagar tarifas por un procesamiento automático. ¡Esa es una tarifa que *podrías y deberías* evitar!

—Sherman Aten

# Alimento Para El Pensamiento

Consideremos estas preguntas mientras evaluamos los débitos y depósitos dentro de nuestro matrimonio:

- ¿Hemos estado tomando decisiones financieras como equipo?
- ¿Estamos dando como el Señor nos guía a hacerlo, con alegría?
- ¿Hemos realizado suficientes depósitos en nuestro matrimonio para poder asumir un débito que afecte al banco matrimonial? Consulta el saldo en la cuenta de tu cónyuge y te lo dirá.

Hagamos un esfuerzo intencional por aumentar el "saldo" en la cuenta bancaria matrimonial. Pidamos al Señor que cambie nuestro corazón para que seamos dadores, tanto ffsica como espiritualmente.

# MOMENTOS DECISIVOS: ELIGE SABIAMENTE

ALGUNOS DE USTEDES podrían recordar las viejas películas de Indiana Jones con Harrison Ford. En una de ellas, buscan el Santo Grial, la copa que Jesús usó al beber vino en la Última Cena. Entonces, en la película, Indiana Jones encuentra el Grial, pero los malos (los alemanes) también están allí y ellos están decididos a quedarse con la copa.

Ahora, en la habitación hay muchas copas, y la verdadera copa, el Santo Grial está entre ellas. El Caballero guardián del Grial les dice a los malos que "elijan sabiamente". Uno de los malos elige la copa de oro porque es una copa digna de un Rey. Digamos simplemente que muere muy rápido, y el Caballero guardián dice, "él eligió mal".

Luego, es el turno de Indiana Jones de elegir. Mira entre las copas y elige una muy común, como si fuera la copa de un carpintero. Bebe, y el Caballero dice, "Elegiste sabiamente".

En la vida, hay muchos "Momentos Decisivos". Esos momentos en los que hay decisiones a tomar que pueden afectar o alterar nuestro camino. Estos pueden sobrevenir a cada uno como individuo, en nuestros matrimonios y en nuestras familias.

Cuando nuestra hija mayor Jennifer se casaba con Tyler, en la cena de ensayo de boda, conté la historia de lo que yo vi como un momento decisivo en la vida de Jennifer. Cuando era pequeña, tal vez tenía alrededor de cinco años, ella y yo fuimos a nuestro terreno a volar un papagayo. Habíamos limpiado el terreno, pero no habíamos empezado a construir nada aún. Había alambre de púas en el área de la entrada con una tira de color amarrada.

Mientras sacaba las cosas de mi jeep, Jennifer corrió hacia el área de la entrada, desesperada para volar su papagayo. Grité, "¡Jennifer! ¡No!" Pero era demasiado tarde; ella chocó con el alambre de púas de la entrada, (pues no lo vio), se golpeó justo en el cuello. Fue un golpe brutal, perdió el equilibrio y cayó al suelo debido al impacto.

Corrí hacia ella y la levanté, sosteniéndola muy fuerte. Después de que dejó de llorar, la revisé por completo, y parecía estar bien. Le dije, "Jen, ¿por qué no vamos a casa? Podemos volar tu papagayo otro día".

Ella dijo, "No, papá. Quiero quedarme y volar mi papagayo".

Se limpió las lágrimas, y tuvimos un tiempo maravilloso volando su papagayo. Creo que ese fue un momento decisivo en la vida de Jen. Esto me habló sobre mi hija y me mostró que ella no se rendiría antes circunstancias adversas en la vida; ella perseveraría.

> *Vivimos tiempos de momentos decisivos.*

Esta actitud le sirvió muy bien durante tiempos diffciles, como cuando su mamá y yo estuvimos divorciados durante tres años por causa de muchas malas decisiones de mi parte. También cuando su hermana Alyssa falleció. Habría sido fácil para Jennifer encerrarse en sí misma a sentir autocompasión, preguntándose: ¿Por qué yo? Pero no lo hizo, ella eligió vivir y confiar en Dios.

El reconocido ministro y autor estadounidense Henry Blackaby describe estos momentos como una "crisis de creencia que demanda fe y acción".

Actualmente, vivimos tiempos de momentos decisivos. Enfrentamos decisiones diarias; algunas nos llevan por el camino fácil de la muerte, aunque el enemigo lo llame un camino de vida. En contraste, está la forma más diffcil, el verdadero camino de vida, el cual Jesús nos muestra.

En el Antiguo Testamento, Josué fue un gran líder militar, esencialmente segundo al mando después de Moisés. Ayudó a guiar

TOUCHING BASE "CONECTADOS"

a los israelitas a la Tierra Prometida después de la muerte de Moisés. Y los tiempos eran igual de difíciles en la época de Josué; la gente tenía que tomar decisiones sabias. Esto es lo que Josué dijo:

> *Pero si les parece mal servir al Señor,* elijan ustedes mismos
> *a quiénes van a servir: a los dioses que sirvieron sus*
> *antepasados al otro lado del río Éufrates o a los dioses de*
> *los amorreos, en cuya tierra ustedes ahora habitan.*
> *Por mi parte, mi familia y yo serviremos al Señor.*
> *Josué 24:15 NVI (énfasis añadido)*

Josué eligió sabiamente. ¿Lo harás tú también?

—Scott Dix

# Alimento Para El Pensamiento

Reflexiona sobre tus elecciones esta semana en relación con tu cónyuge e hijos. ¿Cuáles fueron sabias y cuáles debes reconsiderar? Habla con tu cónyuge, admite tus errores y pide perdón si es necesario.

Piensa en tu vida y reflexiona sobre esos "momentos decisivos". Considera el efecto que han tenido en ti, o que aún te afectan hasta el día de hoy. Pídele a Dios que te muestre Su perspectiva sobre esos momentos y responde a lo que Él te revele.

Finalmente, considera las elecciones que necesitas hacer de ahora en adelante que te acerquen intencionalmente, a ti, a tu matrimonio y a tu familia más al Señor. Escríbelas y conviértelas en un motivo de oración.

*Padre, gracias por amarnos y preocuparte por cada detalle de nuestras vidas. Gracias por siempre tratarnos con verdad y guiarnos por el camino de la vida. Por favor, guíanos con Tu Espíritu para tomar decisiones sabias que fortalezcan nuestra familia y matrimonio. Que nuestras elecciones te glorifiquen Señor Jesús, y traigan honor a Tu nombre. Amén.*

# CENA CON UN PERFIL

CIERRA LOS OJOS y piensa en una de las mejores cenas que hayas experimentado. Tal vez fue una noche romántica con tu cónyuge o una ocasión especial, como un aniversario o un cumpleaños. A lo largo de la vida tenemos muchas cenas, pero algunas son especiales y se destacan por encima del resto, grabadas para siempre en nuestra memoria.

Todavía puedo recordar esa noche en mi luna de miel con Lori en 1987, cuando fuimos a un crucero donde cenamos frente a la isla de Maui. ¡Fue increíble! Poco imaginamos, que estaríamos divorciados ocho años y tres hijos después. Sin embargo, después de tres años más, el Señor hizo un milagro al darme la salvación de mi alma y restaurar nuestro matrimonio y familia.

Una vez restaurado nuestro matrimonio, me sumergí en la lectura de la palabra de Dios. Un día, leí Efesios 5:25, donde se ordena a los esposos que amen a sus esposas "así como Cristo amó a la iglesia y se entregó por ella". Después de leerlo, recuerdo haber preguntado al Señor: "¿cómo hago eso?" Era una orden tan difícil, entonces oré de corazón: "Señor, por favor enséñame cómo poner esto en práctica diariamente".

Un tiempo después, asistimos a una pequeña conferencia matrimonial con seis parejas en Fort Worth, dirigida por Sherman y Tammy Aten. La conferencia comenzaría el viernes por la noche con una "noche de citas" y se extendería hasta el sábado por la tarde. Nos llevaron a un Outback Steakhouse (un buen comienzo) una cadena de restaurantes estadounidense especializada en cortes de carne a la parrilla. Allí, nos entregaron a cada uno un "Perfil del Lenguaje del Amor" del libro Los Cinco Lenguajes del Amor de Dr. Gary Chapman (un libro imprescindible).

Se nos pidió que completáramos el perfil individualmente durante la cena y discutiéramos los resultados con nuestras parejas después. ¡Dios mío! Mientras compartíamos los resultados de nuestro perfil, Lori y yo casi nos caemos de nuestras sillas.

Fue como si Dios hubiera iluminado desde el cielo nuestros los perfiles en la mesa, mostrándonos claramente dónde habíamos fallado en nuestro matrimonio y cómo corregirlo. ¡Nunca olvidaré ese momento mientras viva! Permíteme explicar.

Verás en el libro que su autor describe una visualización de un "tanque de amor" dentro de cada persona. Cuando nos sentimos amados, nuestro tanque de amor está lleno; de lo contrario, nuestro tanque de amor está vacío. Luego relata cómo hay cinco formas en que las personas hablan y entienden el amor emocional, a las que llama "Los Cinco Lenguajes del Amor". Jesús es el Maestro de cada uno, y son:

- ✓ Palabras de afirmación
- ✓ Tiempo de calidad
- ✓ Actos de servicio
- ✓ Contacto físico
- ✓ Regalos

Nos gustan todos estos lenguajes de amor. Sin embargo, uno llenará nuestro tanque de amor personal más rápidamente, que es nuestro lenguaje de amor primario. Y si se descuida, nos quejaremos más a menudo.

Además, dado que nos sentimos más amados cuando recibimos nuestro lenguaje de amor primario, tendemos a expresar amor a nuestra pareja de la misma manera. El problema es que los esposos y las esposas por lo general no hablan el mismo idioma.

Por ejemplo, mi lenguaje de amor primario es el contacto físico (soy un abrazador), con las palabras de afirmación como segundo. Sin embargo, el lenguaje de amor primario de Lori es el tiempo de calidad, con las palabras de afirmación como segundo.

Reaccionaba a la falta de contacto físico (sexual y no sexual) quejándome y criticando a Lori. Me retiraba y no pasaba tiempo con ella, incluso hablándole mal, lo que agotaba su tanque de amor.

Ella respondía de manera similar con aún menos contacto físico y quejándose y criticándome. Ambos estábamos agotados, ya que continuamente teníamos las mismas peleas con los mismos resultados. Esto eventualmente terminó en nuestro divorcio.

Pero ahora, armados con el conocimiento de lo que realmente hacía sentir más amado al otro, ¡solo necesitábamos practicarlo!, lo cual hicimos. Escribí el lenguaje de amor y el tipo de personalidad de Lori, así como el de nuestras hijas, en un post-it. Lo tengo guardado en mi billetera como recordatorio para siempre amarlas de la manera en que se sienten más amadas. El apóstol Pedro instruye:

*"De igual manera, ustedes esposos, sean comprensivos en su vida conyugal..."*
*1 Pedro 3:7 NVI*

Parafraseando, necesito conocer las fortalezas, debilidades, gustos, disgustos, personalidad y formas en que se siente más amada mi esposa. Nuestro matrimonio floreció cuando comencé a estudiar a Lori; ¡todavía la estoy estudiando! Nuestra relación sigue mejorando cada vez más a medida que la amo desinteresadamente, como Dios la creó. Y no trato de cambiarla a lo que yo considero debería ser para mí.

Desde entonces, el Señor nos ha hecho crecer de muchas maneras, y continúa enseñándonos. Incluso nos involucramos en el Ministerio Matrimonial con Sherman y Tammy, ayudando a otros a evitar los dolorosos errores que nosotros cometimos al principio.

Podemos ofrecer a las parejas consejos prácticos para una relación según la voluntad de Dios.

Pero todo comenzó con una simple oración: "Señor, enséñame". Y Dios respondió esa oración a través de una cena con un perfil.

—Scott y Lori Dix

## Alimento Para El Pensamiento

¿Cuánto realmente sabes lo que hace que tu cónyuge se sienta más amado (es decir, su lenguaje de amor)? ¿Conoces sus fortalezas, debilidades, su tipo de personalidad, etc.? ¿Has tomado el tiempo para estudiarlos?

    ¿Qué te han reclamado tu cónyuge o tus hijos? Por ejemplo, "Cariño, parece que siempre estás trabajando; no pasas tiempo con nosotros", o "Papá, nunca me compras nada", o "No me gusta cuando me dices eso". Estas pueden ser pistas sobre su lenguaje de amor principal. Lee el libro "Los Cinco Lenguajes del Amor" del Dr. Gary Chapman. Te ayudará a comprenderte mejor a ti mismo, a tu cónyuge, a tus hijos e incluso a tus relaciones laborales.

    Considera las áreas en tu matrimonio y familia donde deseas mejorar. ¿Has orado por ellas? Mira honestamente en el espejo. ¿Qué necesitas pedirle a Dios que te enseñe? ¡Mejor aún, pídele Su perspectiva, quizás obtengas una cena con un perfil!

*Padre, gracias por tu Palabra y el maravilloso regalo del matrimonio y la familia. Por favor, muéstrame y enséñame formas prácticas de amar mejor a mi cónyuge e hijos y comprenderlos más íntimamente. Ayúdame a responder en obediencia a lo que me revelas. En el nombre de Jesús. Amén.*

# D.I.V.O.R.C.I.O.

SEGÚN LAS ESTADÍSTICAS, la mitad de los lectores de este devocional pasarán o han pasado por un divorcio. Como no he experimentado el divorcio, no pretenderé entender todas las emociones involucradas. Pero puedo reconocer las palabras y acciones a veces dichas y hechas en nombre del "amor". Palabras pronunciadas en el nombre de Cristo, pero recibidas como todo menos como el amor de Cristo, incluso cuando son pronunciadas sin intención.

Crecí en una denominación cristiana y creía que el divorcio y el liderazgo cristiano no podían coexistir. En otras palabras, pensaba que una persona que se había divorciado no podía ser considerada un líder cristiano adecuado o ejemplar. De alguna manera, un matrimonio fallido significaba una persona apartada de Dios. Y a medida que crecía, seguí creyendo que eso era cierto.

Pero también me di cuenta de que hay muchas formas de caer. De hecho, *aprendí que todos hemos caído*. Y en lugar de rodar cuesta abajo, la Cruz niveló el suelo para todos. La única razón por la que algunas personas no se levantan es porque no tienen a alguien que les sostenga y ayude.

No se trata de las debilidades de una práctica en particular, sea cual sea. se trata de cómo Dios nos ama, incluso en medio de las dificultades o luchas. No se trata de lo que se está haciendo mal, sino de hacer lo que es correcto. No se trata de que una persona caiga, sino de ayudarla a levantarse. Y no se trata de herir, sino de sanar.

El matrimonio es un concepto divino. El divorcio es del mundo. Y la Biblia deja claro que los hijos de Dios no son del mundo, aunque ciertamente estamos en él. Aunque las cosas no siempre salgan como se planean o como uno espera, aun así, la gracia de Dios está presente y disponible en todas las situaciones.

Pero cosas suceden, algunos matrimonios terminan en divorcio. Esto no es una noticia nueva ni inesperada. Y debido a que la disolución de un matrimonio a menudo es pública y cruda, las personas involucradas y que más necesitan sentir el amor de Dios, a menudo lo sienten menos.

¡Debería darnos vergüenza!

Un matrimonio con problemas no es un motivo para rendirse. Esto no se escapa de la misericordia de Dios; si ambos cónyuges humildemente permiten que Dios los guíe, la sanación puede ocurrir. El perdón implica aceptar la Verdad, darle su valor y llevarlo al altar de intimidad con Dios.

Un matrimonio sólido es motivo de agradecimiento. Debe ser apreciado y protegido. Debe ser amado y se debe proteger con oración. Aquellos cuyos matrimonios se han disuelto no deben ser objeto de lástima, ni de juicio. Deben ser tratados como todos los demás que han caído y se han levantado. Y deben ser amados y se debe orar por ellos.

—Kim Lanier

# Alimento Para El Pensamiento

El divorcio no arregla lo que está roto. No se compara con la efectividad que tiene el buscar del Señor, para sanar las heridas que han causado que el matrimonio sea problemático. Considera estos pensamientos para evitar el doloroso golpe que da una disolución de un matrimonio:

- Evita adoptar el papel de víctima. La culpa no proviene de Dios, y colocar la culpa o la vergüenza en la pareja no es un comportamiento cristiano.

- Mira tu enojo, resentimiento y dolor a través de la perspectiva de Cristo. Los hombres lo despreciaron y rechazaron. Sin embargo, Él cargó con la iniquidad de todos nosotros.

- Aprende de tus errores. Permite que el Señor te muestre tus comportamientos repetitivos que te hacen caer.

- Cuando sientas que la negatividad hacia tu cónyuge (o excónyuge) está aumentando, reemplaza esos pensamientos con algo positivo. Investigaciones han demostrado que se necesitan cinco pensamientos positivos para cambiar la dirección de uno negativo. Avanza en la dirección correcta controlando tus pensamientos.

# DISFRUTA MOMENTOS

MARSHALL Y YO nos casamos el 10 de enero de 2020, o 1-10-20 (¡Sí, lo planeamos 100% así!). Nunca olvidaremos el amor y la generosidad que fueron vertidos en ese día especial. Durante nuestra ceremonia, una de mis damas de honor se me acercó en el momento justo, y me dijo al oído estas palabras: "No te olvides de parar y absorberlo todo".

¡Wow, pensé! Eso fue un buen recordatorio.

¿Cuántos de nosotros necesitamos recordar parar y absorberlo todo? Especialmente en nuestros matrimonios. Esto es similar a cuando tomas una foto para capturar un momento especial. La vida puede ser ocupada y las cosas pueden sentirse dispersas. Pero es en esos momentos, cuando permitimos que nuestras mentes abracen toda Su bondad, cuando podemos ver las hermosas bendiciones que el Señor nos ha dado.

---

*Quédense quietos, reconozcan que yo soy Dios.*
*Salmos 46:10 NVI.*

---

Es por Jesús que tenemos victoria y confianza en la vida eterna en Él. No hay amor ni regalo más grande.

Marshall y yo ahora tenemos una hija llamada Kinna Blair, que nos trae tantas alegrías y risas. Después de tener la hija, disfrutar los momentos, se ha vuelto mucho más claro para ambos. La gente nos ha aconsejado: "Disfruten este tiempo. Aprovechen y disfrútenlo. Ella crecerá rápido".

El matrimonio es un regalo, una verdadera bendición de Dios. Es muy gratificante cuando en nuestra relación matrimonial Marshall y yo tomamos el tiempo para disfrutar los momentos juntos. Realmente para disfrutarlos.

No se olviden de experimentar momentos especiales como pareja. Sigan teniendo citas, incluso después de que lleguen los hijos. Pregunta a tu cónyuge cómo está a lo largo del día. Presta atención a sus necesidades y deseos. Tómate el tiempo para escuchar en lugar de responder. Estas acciones son esenciales para la salud y el bienestar de tu matrimonio.

—Brooke Aten Cochrum

TOUCHING BASE "CONECTADOS"

# Alimento Para El Pensamiento

Los momentos vienen en dos tipos: ordinarios y extraordinarios. En el matrimonio, las rutinas diarias pueden hacer que todo parezca ordinario o mundano. Y la realidad es que los momentos pueden ser fugaces si no los capturamos.

Haz una lista de formas creativas para convertir los momentos ordinarios en memorables, utilizando las siguientes ideas como punto de partida:

- Programa noches de citas con regularidad. Planiffcalas con varias semanas de anticipación, dándose ambos algo que esperar.
- Tomen una clase juntos.
- Vayan al bowling o asistan a un evento deportivo (ya sea de un equipo local o profesional).
- Visiten un museo local.
- Den un largo paseo, tomados de la mano.
- Preparen palomitas de maíz y vean una película juntos.
- Miren un álbum de fotos acurrucados en el sofá.
- Vayan a volar un papagayo (¡literalmente!).
- Coman desayuno para cenar.

Agrega tus ideas a la lista:

_____

_____

_____

_____

_____

# ENCONTRAR LA PLENITUD EN CRISTO

A VECES ESCUCHAMOS a personas, incluyendo a parejas comprometidas para casarse, hablando sobre anhelar el matrimonio porque dicen que eso los hará "completos" como personas. Aunque la unidad de marido y mujer puede resultar muy beneficiosa al complementar las fortalezas uno al otro, y compensar las debilidades también, su valor o identidad no están en nadie más que en la persona de Jesucristo. Casarse no te va a satisfacer instantáneamente si no estás contento o completo antes del matrimonio.

Muchas personas anhelan que se desarrollen situaciones específicas antes de considerar sentirse completas. Incluso si logran ciertas metas en la vida como casarse, tener hijos o lograr éxito profesional, esto no traerá satisfacción duradera. Si no estás completo como individuo, el matrimonio no te completará. La paternidad no te completará. El éxito no te completará. Por maravillosas que sean estas cosas, tu plenitud no depende de nadie, ni de nada más.

Colosenses 2:10 dice: " y en Él, que es la cabeza de todo poder y autoridad, ustedes han recibido esa plenitud". Antes de trabajar en cualquier programa de auto-mejoramiento o buscar la afirmación de alguien o algo más, reconoce que eres precioso para Dios, tal y como eres, creado a Su imagen y amado por Él con amor eterno (Jeremías 31:3).

La plenitud no se encuentra en las circunstancias que vivamos como individuos o como pareja. En nuestro matrimonio, lidiamos con la infertilidad durante cinco años. Nos encontramos con otras parejas que luchaban con el tema de la infertilidad que simplemente co-existían en su matrimonio, esperando que sus circunstancias cambiaran.

Una pareja es una familia, ya sea que tengan hijos o no. Si tienen un hijo que fallece, por desgarrador que sea ese dolor, no dejan de ser una familia. Y siguen siendo una familia una vez que sus hijos crecen y el hogar se convierte en nido vacío. El estrés de situaciones desafiantes puede alejar a una pareja, o pueden elegir encontrar unidad al arrodillarse juntos ante nuestro Padre celestial.

El apóstol Pablo escribió que había aprendido a estar contento en todas las circunstancias (Filipenses 4:11). No era que las circunstancias de Pablo siempre fueran agradables. Había experimentado persecución intensa, trato injusto y grandes dificultades (y recuerda, Pablo no tenía una esposa para ayudarlo). Pablo se dio cuenta de que su plenitud se encontraba en su identidad en Cristo Jesús, no en circunstancias o éxitos. Por indigno que supiera que era, Pablo tenía la seguridad de que la gracia de Dios lo hacía quien era (1 Corintios 15:10).

Permite que la gracia de Dios te moldee para que encuentres plenitud al ser adoptado como uno de los hijos de Dios en Cristo Jesús. Recuerda también, tu matrimonio se completó cuando se convirtieron en marido y mujer.

—Ed y Elizabeth Plants

## Alimento Para El Pensamiento

Estar completo en Cristo significa tener un sentido de integridad y satisfacción a través de una relación personal con Jesús. Encontramos nuestro propósito e identidad a través de una nueva vida en Él.

Sin embargo, incluso después de convertirnos en una nueva criatura en Cristo, seguimos viviendo nuestro papel de esposo/esposa, padre/madre o hijo/hija. ¿Cómo dejamos de buscar validación en otras fuentes, especialmente dentro del vínculo matrimonial?

Así como en la relación entre Cristo y Su iglesia, como pareja, somos parte de un "todo" más grande. Tu plenitud incluye a Cristo, quien lo sostiene todo. Considera estas preguntas mientras abrazas la esencia de que el matrimonio va más allá de un vínculo terrenal.

- ¿Has vivido momentos en los que no te sientes completo?
- ¿Cuáles son algunas formas en que tu cónyuge puede ayudarte a recordar que eres especial para Dios tal y como eres?
- Cuando surgen dificultades, ¿qué podemos hacer como pareja para acercarnos más el uno al otro y más cerca de Dios en lugar de distanciarnos?

# PERDÓN

ESTABA SENTADA en la iglesia sola, porque mis hijas estaban con su papá durante ese fin de semana. Un predicador invitado empezó a hablar sobre el perdón y cómo debemos darlo para recibirlo. ¡Wow! pensé. Mi amargura y dureza hacia mi exesposo me habían cegado a todo lo que Dios tenía para mí.

En ese momento, Dios abrió mi mente y corazón para entender completamente que no voy a ser perdonada por Él si no puedo perdonar a otros. Oh, Dios inundó mi alma con una paz increíble y aceptación de mis circunstancias. En ese momento, pensé, quiero lo mejor para mi ex. Y con esto vino una comprensión de mis propios errores y fallas como esposa y madre. Fue el momento que cambió mi vida y mi futuro.

Cuando dejé ir el dolor, fue sorprendente cómo Dios llenó mi corazón con amor, Su amor. Con Su amor viene una comprensión de nuestra pecaminosidad. Y el conocimiento de mi pecado me mostró que no tenía lugar para juzgar a nadie; ese es solo el lugar de Dios.

La gente me pregunta cómo pude perdonar completamente todo lo que sucedió. Siempre les digo que no fui yo, sino Dios quien lo hizo. Él es la única fuente confiable de paz, amor y perdón. Y al estar delante de un Dios Santo y Justo, nos damos cuenta de que todos somos pecadores, lo que nos pone a todos en el mismo nivel en el campo de batalla.

Entender nuestros propios pecados y lo que Jesús hizo por nosotros en la Cruz, nos libera para ser perdonadores, así como fuimos perdonados.

Efesios 4:32 nos enseña: *"Más bien, sean bondadosos y compasivos unos con otros y perdónense mutuamente, así como Dios los perdonó a ustedes en Cristo".*

Hay mucha verdad en el dicho:

> **Un matrimonio feliz es la unión de dos buenos perdonadores.**

—SCOTT & LORI DIX

## Alimento Para El Pensamiento

Al considerar esta enseñanza sobre el perdón, toma tu Biblia. Luego, responde abierta y honestamente las siguientes preguntas:

- Según Mateo 6:14-15, ¿quién en tu vida necesita tu perdón?
- ¿Entiendes verdaderamente tu naturaleza pecaminosa? Consulta 1 Juan 3:4, Éxodo 20:1- 17, Mateo 5:17-48.
- ¿Juzgas duramente a otros, o los tratas con un criterio más estricto o indulgente que el que te aplicas a ti mismo en situaciones similares? Consulta Mateo 7:1-5, Juan 7:24.

*Padre, por favor, ayúdame a perdonar a otros como he sido perdonado. Jesús, gracias por ir a la Cruz por mí. Ayúdame a ser honesto contigo confesándote mi pecado y apartándome de él. Dejo el juicio en tus manos, ya que eres el verdadero Juez. Que nuestro matrimonio verdaderamente sea una unión de dos buenos perdonadores. En el nombre de Jesús. Amén.*

# EL DIOS DE TODA CONSOLACIÓN

A VECES, las personas tienen la falsa creencia de que la vida cristiana debería transcurrir sin dificultades, o que Dios ha prometido una vida sin problemas si lo seguimos. Al contrario, Jesús prometió: "En este mundo tendrán aflicción". Pero también continuó diciendo: "Les he dicho estas cosas para que en mí tengan paz" (Juan 16:33).

No todo lo que experimentamos en la vida será sin dificultades. Sin embargo, Dios seguirá estando presente y seguirá obrando.

Después de estar casados durante cinco años, comenzamos a intentar activamente tener hijos. Los siguientes cinco años de experimentar infertilidad fueron una montaña rusa de ilusiones y luego tener esas esperanzas aplastadas nuevamente, mes tras mes. Por diffciles que fueran esos años, mirando hacia atrás, vemos bendiciones que Dios nos estaba dando incluso en esas circunstancias. Tuvimos la oportunidad de viajar más, participar en el ministerio juntos y experimentar cosas que de otra manera no hubieran ocurrido. Otra bendición fue la gente que Dios trajo a nuestras vidas para consolarnos y orar con nosotros durante esos desalentadores días de infertilidad.

Comenzó a surgir un ciclo repetitivo cuando enfrentábamos dificultades en nuestras vidas. Estos incluyeron el dolor de la infertilidad, las incertidumbres de la adopción, las dimensiones adicionales de la adopción de un niño birracial, eventualmente dar a luz a cinco hijos y criar un total de seis hijos en un lapso de once años. Además, nuestros padres murieron antes de que tuviéramos hijos, lo que significaba que nuestros hijos nunca conocerían a sus maravillosos abuelos. Conjuntamente, pasamos por el increíble estrés de que a Ed lo obligaran a dejar su trabajo.

El patrón que vimos surgir en estas situaciones fue que Dios nos consolaba y nos bendecía con personas que nos ayudaban en cada circunstancia. La promesa que el Señor le dio a Isaías se cumplió para nosotros:

---

*Cuando cruces las aguas, yo estaré contigo;*
*cuando cruces los ríos, no te cubrirán sus aguas;*
*cuando camines por el fuego, no te quemarás*
*ni te abrasarán las llamas. Yo soy el Señor tu Dios,*
*el Santo de Israel, tu Salvador.*
*Isaías 43:2-3a NVI*

---

A nuestras vidas que estaban pasando por las mismas luchas y necesitaban escuchar una palabra de esperanza. Uno de nuestros versículos de vida se convirtió en:

---

*Bendito sea el Dios y Padre de nuestro Señor Jesucristo,*
*Padre misericordioso y Dios de toda consolación,*
*quien nos consuela en todas nuestras tribulaciones para*
*que, con el mismo consuelo que de Dios hemos recibido,*
*también nosotros podamos consolar a todos los que sufren.*
*2 Corintios 1:3-4 NVI*

---

Cuando estés experimentando dificultades, busca ayuda y esperanza en Dios, y luego prepárate para ministrar a otros con la misma compasión y consuelo que has recibido.

—Ed y Elizabeth Plants

# Alimento Para El Pensamiento

El Señor utiliza a personas del cuerpo de Cristo para brindar compasión y consuelo a otros en su momento de necesidad. Tómate un tiempo, como pareja, para reflexionar sobre las preguntas a continuación.

Permítanse estar conscientes de las bendiciones de Dios que han llegado a través de las tormentas de la vida. Alábalo por caminar con ustedes y proveer el ministrar a otros.

- ¿Podemos nombrar a las personas que nos han bendecido durante los momentos diffciles?
- ¿Cómo hemos visto y vivido la presencia de Dios durante los tiempos de lucha, que no reconocimos durante los buenos tiempos?
- -Durante períodos de calma, ¿cómo podríamos fortalecernos como pareja para enfrentar cualquier desaffo futuro que pueda surgir?
- ¿Quiénes son las personas que necesitan que les pasemos la bendición del aliento y consuelo en este momento?

# DIOS MUÉSTRAME

MIRAR NUESTRO primer matrimonio en retrospectiva fue doloroso. Las peleas nunca se reconciliaban, peleábamos repetidamente. Si estás en una relación así, puedes preguntarte: "¿Realmente puede Dios darnos el matrimonio con el cual soñamos?"

La respuesta es inequívocamente "¡SÍ!", porque la Biblia lo enseña:

> *Pero si desde allí buscan al Señor su Dios con todo su corazón y con toda su alma, lo encontrarán.*
> *Deuteronomio 4:29 NVI*

Cuando Dios nos volvió a unir, supimos que teníamos que buscarlo para experimentar un matrimonio bueno, saludable y amoroso. Así que, primero, Él puso maravillosos mentores en nuestras vidas para mostrarnos cómo amarnos mutuamente. Dios nos reveló dónde estábamos equivocados a través de sus ejemplos, estudiando las Escrituras, y leyendo libros maravillosos como "Los Cinco Lenguajes del Amor" de Gary Chapman y "Amor y Respeto" del Dr. Emerson Eggerichs.

El Señor nos mostró que estábamos enfocados en nosotros mismos. Y para tener un matrimonio fuerte, debemos "enfocarnos en el otro", poniendo las necesidades de nuestro cónyuge por encima de las nuestras. Además, nos mostró que necesitábamos aprender a no ofendernos. Debemos elegir no ofendernos y elegir amar cada día.

> *"El buen juicio hace al hombre paciente;*
> *su gloria es pasar por alto la ofensa".*
> *Proverbios 19:11 NVI*

Ahora, después de estar casados nuevamente por 22 años, todo mejora cada día. Entendemos que tener a Dios en el centro es la clave de un matrimonio amoroso. Esto no significa que todos los días sean fáciles; hemos soportado muchos tiempos difíciles y desafiantes. Pero hicimos un pacto delante de Dios, y *Él* nos ha bendecido con una vida preciosa para glorificarle.

—Scott & Lori Dix

TOUCHING BASE "CONECTADOS"

# Alimento Para El Pensamiento

Es un hecho cientifico que en lo que uno se enfoca, dirigirá los pasos de su vida (y matrimonio). Como seres humanos, tenemos una gran capacidad para enfocarnos en muchas cosas. Por lo tanto, a menudo ponemos nuestra mirada en cosas que no son importantes, que no harán una diferencia.

Reflexiona sobre las preguntas a continuación para ayudar a redirigir tu atención hacia las prioridades en tu vida.

- ¿Buscas la felicidad en tu cónyuge o en Dios?
- ¿Te ofendes fácilmente? ¿Te has dado cuenta de que puedes elegir no ofenderte? Consulta Proverbios 19:11, 12:16.
- Haz una lista de las decisiones o elecciones que tomaste hoy respecto a tu cónyuge. Describirías tus decisiones o elecciones como "proactivas" o "reactivas"?
- ¿Qué querría Dios cambiar en ti y en tu matrimonio de ahora en adelante? Consulta Santiago 1:19-25.

Padre, por favor ayúdame a colocarte primero en mi vida. Por favor, muéstrame áreas donde soy egoísta en mi propia vida y en mi matrimonio. Ayúdame a elegir sabiamente, a no ofenderme fácilmente, sino a dar de Tu gracia, siguiendo el camino del amor, siendo hacedor de Tu Palabra y no solo oidor. En el nombre de Jesús. Amén.

# ¿CÓMO SE LEE TU LIBRO?

MI PADRE era escritor y autor ganador de un Premio Pulitzer. Solía decirme que la parte más difcil al escribir cualquier cosa era el principio y el final. El principio y el final son básicamente un resumen de la parte del medio. ¡Así que debes conocer bien tu parte central antes de presentar el principio! ¿Y el final? Bueno, a veces el final aún no llega.

¿Alguna vez has leído un libro que no pudieras parar su lectura? Uno en el que cada página te lleve a la otra y luego a la otra y así... A veces, el suspenso te crea un poco de ansiedad sobre cómo será el final. Te encuentras pensando, *¿vivirá o morirá mi personaje favorito? ¿Tendrá un final feliz?*

A menudo, al leer un libro estamos tentados a echar un vistazo al último capítulo. Después de todo, esto podría ayudar a relajarnos y disfrutar de los capítulos que nos faltan por leer. Saber el final puede hacerte sentir que puedes soportar lo que sea que leas. ¡Pero así no es cómo funciona la vida!

Nuestras vidas son capítulos. Algunos son alegres. Y otros vienen con sorpresas que nos dejan sin aliento. El divorcio, la enfermedad, las finanzas, la muerte y los hijos rebeldes nos quitan la alegría. Deseamos tanto saber cómo llegaremos al día siguiente. Y en sentido metafórico, como un libro, debemos seguir leyendo página a página, mientras avanzamos hacia el capítulo final.

Dios es tan bueno y misericordioso. Él ya nos ha enseñado sobre el final. Uno pensaría que, ya que conocemos el final, podríamos relajarnos y encontrar paz en cada día. Sin embargo, incluso los cristianos que saben dónde estarán al final del libro, todavía permiten que el miedo y la ansiedad escriban sus capítulos.

Reflexionando sobre mi vida, entiendo que, durante mis momentos más oscuros, cuando parecía que Dios estaba lejos, en realidad estaba totalmente cerca: consolándome, guiándome y cargándome. En esos momentos, le gritaba que ya era demasiado. Le rogaba por respuestas y le suplicaba que "se llevara la carga".

Pero así no funcionaba. Cada día recibía nueva fuerza hasta que el capítulo terminaba. Luego, vi por todo lo que Él me había guiado durante el proceso. Y lo más importante, mi relación con Él se volvió más cercana e íntima.

Cada capítulo me preparó para el siguiente, con total confianza en Él. ¿Cómo se ve tu historia? La mía es una historia de amor. A través de esos tiempos oscuros, Él escribió una historia de amor increíble.

¿Y el final de la historia? Bueno, ya está escrito. Y sí, eché un vistazo al final del Libro. Y para todo el mundo, es la historia de amor más grande que se haya contado jamás.

— Alice Gilroy

*"Porque tanto amó Dios al mundo que dio a su Hijo único, para que todo el que cree en él no se pierda, sino que tenga vida eterna".*
*Juan 3:16 NVI*

*"Les aseguro que el que oye mi palabra y cree al que me envió tiene vida eterna y no será juzgado, sino que ha pasado de la muerte a la vida. Les aseguro que ya viene la hora, y ha llegado ya, en que los muertos oirán la voz del Hijo de Dios, y los que la oigan vivirán. Porque, así como el Padre tiene vida en sí mismo, así también ha concedido al*

TOUCHING BASE "CONECTADOS"

*Hijo el tener vida en sí mismo, y le ha dado autoridad para juzgar, puesto que es el Hijo del hombre. No se asombren de esto, porque viene la hora en que todos los que están en los sepulcros oirán su voz y saldrán de allí. Los que han hecho el bien resucitarán para tener vida, pero los que han practicado el mal resucitarán para ser juzgados".*
*Juan 5:25-29 NVI*

---

# Alimento Para El Pensamiento

La Biblia enseña que siempre debemos estar listos para dar la razón de nuestra esperanza (1 Pedro 3:15). En otras palabras, debemos estar preparados para compartir nuestro testimonio. 2 Timoteo 1:8 dice: "No te avergüences de dar testimonio de nuestro Señor".

Tu testimonio es tu historia. Como un libro, tiene capítulos que se desarrollan con cada temporada. Pero no sabrás qué sucede si no pasas a la siguiente página. Reflexiona sobre los pensamientos a continuación, mientras comparas la historia de tu vida con la de un libro en ffsico.

- Los libros sobreviven a sus autores. El Salmo 145:4 dice: " Cada generación celebrará tus obras y proclamará tus proezas". ¿Has considerado que tu vida tendrá un impacto duradero en otros? ¿Qué legado esperas dejar a través de la palabra de tu testimonio?
- Las buenas historias tienen giros y vueltas en la trama que ayudan a mantener al lector enganchado. ¿Qué giros o vueltas ha dado tu vida inesperadamente, pero que trajeron nueva fuerza y mayor dependencia en el Señor?
- Nuestros testimonios animan a otros en la fe. ¿Cómo estás animando a otros en sus momentos más oscuros, sino por la palabra de tu testimonio? ¿Hay oportunidades para que apoyes a otros que tienen miedo de pasar a la siguiente página en su vida?

# ¿QUÉ TAN CENTRADO EN LO CELESTIAL ESTÁ TU

PABLO ESCRIBIÓ algunos consejos excelentes para construir un matrimonio y un hogar significativos.

> *De modo que se toleren unos a otros y se perdonen si alguno tiene queja contra otro. Así como el Señor los perdonó, perdonen también ustedes. Por encima de todo, vístanse de amor, que es el vínculo perfecto.*
> *Colosenses 3:13-14 NVI*

Obviamente, Pablo está hablando a seguidores de Jesús, o al "pueblo escogido de Dios, santo y amado". A medida que crecemos y maduramos como creyentes, se esperan ciertas cosas de nosotros. Características como la compasión, la bondad, la humildad, la gentileza y la paciencia deben ser cada vez más evidentes en el trato de unos a otros.

En este pasaje, "Soportándoos unos a otros" nos recuerda que resolver conflictos y desacuerdos de manera positiva y saludable es fundamental para mantener el amor vivo y fuerte.

Perdonar "cualquier agravio que pudieran haberse causado el uno al otro" es absolutamente esencial para mantener relaciones pacíficas y unidas. Pablo hace que sea aún más profundo al decir:

"Perdonad como el Señor os perdonó a vosotros". Pablo también escribió:

---

*Por tanto, acéptense mutuamente, así como Cristo los aceptó a ustedes para gloria de Dios.*
*Romanos 15:7 NVI*

---

La clave de todas estas características positivas es el amor. Como nos anima Pablo, debemos
  "Por encima de todo, Vestirnos de amor, que es el vínculo perfecto". Robert Quillen escribió:

> **La palabra que está por encima de todas las demás, que hace que un matrimonio sea exitoso es la palabra "nuestro".**

Si una persona no es amada y aceptada en casa, en algún lugar, alguien lo acogerá, ¡y probablemente no te gustarán los resultados! Si tenemos amor, aceptación, compasión, amabilidad, perdón, humildad, gentileza y paciencia en nuestros hogares, podemos crear un pequeño pedazo de cielo en la tierra.

—Glenn Ward

TOUCHING BASE "CONECTADOS"

# Alimento Para El Pensamiento

¿Qué hace que un hogar sea "centrado en el cielo"? Lo hace la práctica de hábitos celestiales. Estos hábitos se forman cuando cada miembro del hogar decide enfocar su mente en las cosas de arriba y no en las cosas de este mundo (Colosenses 3:1-4).

Porque aún no vivimos en el cielo, a menudo lo tratamos como algo que está por venir en nuestro futuro en lugar de algo que se debe vivir en el presente. Cristo está en nuestro ahora. Y cuando permitimos que las preocupaciones del mundo consuman nuestras mentes, perdemos la oportunidad de reflejar el cielo en la tierra.

Establece hábitos celestiales integrando algunas de las ideas a continuación en tu rutina diaria. Permite que el cielo sea parte de tu vida cotidiana.

- Haz la oración del Señor cada mañana. Invita al reino de Dios a estar las 24 horas del día, pide a Jesús que esté presente en cada cosa que hagas en el día.
- Haz una oración de agradecimiento antes de cada comida, incluso cuando estés en público. Recuerda que compartimos el cielo con otros cuando practicamos hábitos centrados en Cristo.
- Perdona y ora por las personas que han interrumpido negativamente tu día. Ya sea intencional o no, sus acciones pueden ser el resultado de algo más profundo de lo que se ve en la superficie.

# YO REPARÉ LO QUE TU ROMPISTE

¿Alguna vez has intentado arreglar algo y de pronto te has dado cuenta de que estaba más allá de tus conocimientos, habilidades o recursos para repararlo? Eso me sucede a menudo con los coches, cortacéspedes o cualquier cosa eléctrica. Y es aún más frustrante si has sido tú quien lo dañó. Esto lo comprendí mucho más cuando lo viví en mi matrimonio.

Mi esposa Lori y yo nos casamos en 1987; nuestro matrimonio realmente tuvo dificultades desde el principio ya que yo era una persona muy egoísta. Mis expectativas para el matrimonio eran dos muy sencillas: sexo todo el tiempo y cena en la mesa cuando llegara a casa. Dios no era parte de nuestras vidas, aunque si nos hubieran preguntado sí creíamos en Él, habríamos respondido que sí. Sin embargo, no teníamos ninguna relación con Él.

Tuvimos a nuestra hija mayor, Jennifer, en 1990 y a nuestra hija del medio, Alyssa, en 1992. Nos alejamos más con el estrés adicional de los niños para un matrimonio que ya tenía dificultades. Aproximadamente seis meses después del nacimiento de Alyssa, empecé a salir, de fiesta en fiesta todo el tiempo. Comencé una relación adúltera con una mujer en mi trabajo, que también estaba casada con su tercer esposo. Se divorció de él de inmediato.

Este adulterio continuó durante un par de años, y Lori se enteró. Justo en ese momento, Lori tenía seis meses de embarazo de nuestra hija menor, Brianna. Nos separamos de forma definitiva un mes después que nació Brianna y finalmente nos divorciamos.

Me fui a vivir con esta otra mujer y alrededor de un año después me casé con ella. Ya no me importaba nada y me sentia como un "muerto en vida", completamente roto por dentro. Fue entonces cuando Dios comenzó a rodearme de hombres cristianos, de fuerte fe, en mi trabajo. Un compañero de trabajo, llamado Ron, me dio una Biblia. Comencé a leerla porque estaba roto; por causa de mi pecado. Yo era un mentiroso, un ladrón y un adúltero; necesitaba ser "reparado". Jesucristo se encargó de eso en junio de 1998 cuando me arrodillé y le pedí que me perdonara y salvara mi alma. En el momento en que hice eso, de alguna manera, supe que estaba reparado, completamente cambiado por dentro.

---

*Por lo tanto, si alguno está en Cristo,*
*es una nueva creación.*
*¡Lo viejo ha pasado, ha llegado ya lo nuevo!*
*2 Corintios 5:17 NVI*

---

Lo asombroso es que Dios no se detuvo ahí. Después de salvarme, terminé la relación con mi adúltera, que nunca debió haber comenzado. Entonces, un jueves por la noche, oré y le pedí al Señor que de alguna manera restaurara mi matrimonio y mi familia, que yo había dañado. No tenía ninguna esperanza de que esto sucediera, ya que Lori y yo llevábamos tres años divorciados. Pero tres días después de mi oración, Lori me pidió que habláramos, así que hablamos sentados en mi auto.

Me miró y me pidió perdón por su parte en la ruptura de nuestro matrimonio. Después de recoger mi mandíbula del suelo, le dije que la perdonaba y le pedí que me perdonara. ¡Ella dijo: "¡Ya lo hice!"

Luego le dije que había recibido a Jesucristo como mi Señor y Salvador y decidí poner fin a la relación adúltera la cual nunca debió haber comenzado. En ese mismo momento, fue como si Dios estuviera en el coche con nosotros, y fuéramos las únicas dos personas en la faz de la tierra. Su presencia era abrumadora.

Me dijo: "Aquí está tu oportunidad; aquí está la respuesta a tu oración. Reparé lo que rompiste".

Sabiendo lo que Dios quería que hiciera, miré a Lori y le conté lo que había orado tres días antes, y ella comenzó a sollozar. Luego me dijo que había caído de rodillas la noche anterior y había hecho la misma oración.

*Alyssa dijo: "Papá, es un milagro", ¡y yo concordé!*

Así que entramos y le dijimos a nuestras hijas que íbamos a volver a estar juntos y que nunca nos separaríamos de nuevo. Alyssa dijo: "Papá, es un milagro", ¡y yo concordé!

Le dije a mi hija: "Lo es, y Dios lo hizo".

En los días, meses y años que siguieron, el Señor nos enseñó a Lori y a mí cómo amarnos mutuamente y nos lanzó al ministerio matrimonial para ayudar a otras parejas. Además, salvó a nuestras tres preciosas hijas. Hemos estado casados ahora por veintidós años, ¡y nuestra relación solo sigue mejorando cada día! La Biblia dice en Lucas 1:37: "Porque para Dios no hay nada imposible". Mi familia y yo somos prueba viviente de esta verdad.

Nunca podremos arreglar "eso" en nuestras vidas que necesita reparación. Te animo a que llames a Aquel que me dijo: "¡Reparé lo que rompiste!"

—Scott & Lori Dix

# Alimento Para El Pensamiento

¿Qué parece imposible en tu vida en este momento? Tal vez sea el matrimonio en dificultades donde ya no sientes amor hacia tu cónyuge. Tal vez estés adicto al alcohol, las drogas o la pornograffa, y esto está destruyendo tu vida. Reflexiona sobre estas preguntas para determinar si hay alguna área en tu vida matrimonial que necesite la reparación amorosa de nuestro Padre celestial.

- ¿Entiendes que eres pecador, que estás roto y que necesitas "ser reparado"? Revisa Éxodo 20:1- 17, 1 Juan 3:4, Romanos 3:23 y 6:23.
- ¿Qué has intentado reparar en tu vida, pero no has podido? ¿Es una relación, una adicción, es enojo, amargura, problemas financieros, algo que sientes que no puedes perdonar?
- ¿Alguna vez has clamado a Dios y le has pedido que te repare ti y otras cosas rotas en tu vida? Él te ama y está esperando que hagas exactamente eso. Lee Romanos 5:8, 10:9-10, 13, 1 Timoteo 2:4 y Mateo 7:7-8, 1 Pedro 5:7.

*Padre, te agradezco que me ames y que me permitas reconocerte como el hacedor de lo imposible. Vengo a ti y te pido que me reveles lo que está roto y necesita ser reparado en mi vida. Ayúdame a confiar en ti y a permitirte hacer la obra que deseas en mí y en mi vida. En el nombre de Jesús. Amén.*

# ¿QUIÉN ES EL RESPONSABLE AQUÍ?

RECIENTEMENTE, me di cuenta de que yo siempre me he sentido responsable por todo el mundo.¡Y cuando digo RESPONSABLE, lo digo en serio!

Comenzó en la escuela secundaria después de convertirme en cristiana. En ese entonces, nunca se llevó a cabo una elección para designar quién sería "el responsable" en el aula. Y nadie más al parecer quería el cargo de ser "el responsable". Así que, cayó sobre mí. ¿Cómo podría yo rechazar un trabajo que nadie más quería?

Siempre he sido responsable de estar cerca de cualquier persona que estuviese remotamente acercándose a problemas. Y supongamos que alguien se metiese en problemas a mis espaldas, a pesar de mis advertencias, en esos casos, era mi responsabilidad brindarles aliento o disciplina para que comenzaran su camino al fiel y total arrepentimiento. Pero entendí que yo no soy Dios Padre, ni Jesús Dios el Hijo y Salvador. ¡Pero a veces confieso, ha sido agradable el sentimiento de imitar e incluso usurpar las funciones del Espíritu Santo!

A veces, cuando pensaba que mi esposo se estaba saliendo de la línea, ¡BAM! ¡Podía sacar mi Biblia más rápido que cualquier pistolero podría sacar una pistola! Y como todo se basaba en mi responsabilidad de llevar a cabo el juicio, si tenía que citar versículos para resaltar mi punto, eso lo consideraba como parte del trabajo.

Si mis hijos desafiaban los límites de mis creencias y yo necesitaba sentir el control, una vez más,

¡BAM! ¡Pero yo siempre miraba el lado bueno: "evitarles enfrentar todas esas confesiones y perdones"!

Ahora lo veo claramente. Satanás el acusador, así como lo hizo con Adán y Eva, me dice que yo también puedo ser como Dios, ser Dios el Espíritu Santo.

Yo sé que NO soy Dios Padre, NI Dios Hijo, NI Dios Espíritu Santo. Creer eso es una mentira del infierno. Y sé que no soy responsable de los pecados del mundo, solo de los míos.

> *Yo Interfiero en el plan de Dios cuando asumo la responsabilidad de los demás.*

Hoy, cuando siento la tentación de cargar con la responsabilidad de otro, entiendo que esto puede ser perjudicial para mí misma. Dios nos dio libre albedrío para elegir. Pero Dios no se impondrá ante nadie. Y como persona altamente responsable, estaría violando este principio y entorpeciendo el camino de Dios.

Somos responsables *ante* las personas, pero no *de* las personas. La verdadera madurez como cristianos nos ayuda a entender que parte del diseño de Dios es ayudar a las personas a tomar buenas decisiones a través del éxito y del fracaso. Yo Interfiero en el plan de Dios cuando asumo la responsabilidad de los demás.

—Kelly Randles Lanier

# Alimento Para El Pensamiento

La rendición de cuentas bíblica es esencial para el crecimiento cristiano. Cuando asumimos los pecados de otros o intentamos corregirlos a través de nuestro juicio y predicación, eliminamos la oportunidad para que esa persona responda por sus propias acciones. Ese es el trabajo del Espíritu Santo, quien escudriña y conoce todas las cosas.

Lee Romanos 14:12. ¿Qué dice acerca de la rendición de cuentas de cada uno?

Lee 2 Corintios 5:10. ¿Quién comparecerá ante el tribunal de Cristo?

En el futuro, cuando sientas el peso de la responsabilidad de otra persona, considera las tres "C":

- ¿**Causé** esto? Si la respuesta es NO, entonces no soy responsable.
- ¿Puedo **Controlarlo**? Si la respuesta es NO, no es mi responsabilidad.
- ¿Puedo **Curarlo**? Si la respuesta es NO, entonces no es mi responsabilidad. Entrégaselos a Dios y permite a Dios restaurarlos.

*Señor, me humillo ante Ti. Espíritu Santo, me arrepiento por el pecado de irrespetar Tu divinidad con mis intentos tontos y débiles de reemplazarte. Amén.*

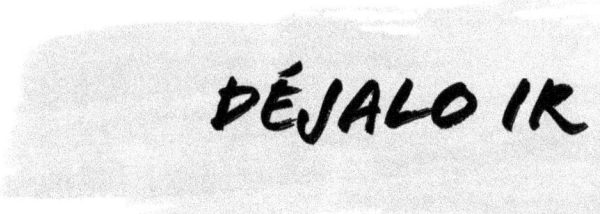

# DÉJALO IR

*Si se enojan, no pequen. No permitan que el enojo les dure hasta la puesta del sol  Efesios 4:26 NVI*

¿ALGUNA VEZ has sentido que como pareja algo está "raro" entre los dos? ¿Algo anda mal, deteriorándose y no puedes entender que pasa? ¿O tal vez sepas EXACTAMENTE cuál es el conflicto...?

**HAZ EL TIEMPO**
Lo que nos sucede a todos como parejas en algún momento, es que estamos muy ocupados en nuestro diario vivir, y simplemente lo escondemos debajo de la alfombra.

Con el paso de los días, los problemas tienden a crecer y complicarse cuando no los enfrentamos o resolvemos a tiempo.

**HAZ EL TIEMPO.**
Como parejas, necesitamos tomar tiempo regularmente para tener una conversación abierta y discutir:

- ✓ ¿Está todo bien?
- ✓ ¿Podemos hacerlo mejor en alguna área en particular?
- ✓ ¿Te he lastimado de alguna manera?
- ✓ ¿Hay algún problema?

Discútanlo.
Resuélvanlo o intenten llegar a una solución o decisión.

Pidan perdón.
Perdonen.
Avancen.

DÉJALO IR. DÉJALO IR.

O si prefieres la canción de Taylor Swift (Shake it off), entonces... SACÚDELO, DÉJALO IR

DÉJENLO IR
(¿Puedes ver que soy músico? ¡Jajaja!)

---

*Si es posible, y en cuanto dependa de ustedes, vivan en paz con todos. Romanos 12:18 NVI*

---

No queremos perder ni desperdiciar un día. Porque no lo recuperamos.

DÉJENLO IR

—Tammy Aten

TOUCHING BASE "CONECTADOS"

# Alimento Para El Pensamiento

Una de las cosas más difíciles de hacer desde una perspectiva mental es: Dejar ir (Soltar). ¡A veces, es muy difícil! Dejar ir implica soltar los vínculos emocionales, las expectativas no cumplidas o la interconexión con algo. Espiritualmente, Dios no puede poner en nuestra mano (o corazón) alguna cosa si estamos aferrados a otra

El "Dejar ir" puede ser una experiencia muy liberadora si confiamos en el Señor. Revisa los puntos clave a continuación, que son puntos de partida para dejar ir o soltar. Confía en el Señor para iluminarte, especialmente si tiendes a aferrarte a cosas que no son adecuadas para ti.

- ✓ Perdona, incluso si aún no ha pedido perdón.
- ✓ Pon el cuidado de ti mismo como una prioridad. A veces, debes alejarte de la situación para mantenerte saludable.
- ✓ Practica la aceptación. Puede ser momento de reiniciar si el problema no se puede solucionar o la circunstancia no se puede cambiar.
- ✓ Mantén el optimismo.
- ✓ Abre tus manos y permite que Dios reemplace lo que has dejado ir, o lo que has soltado.

# LA PÉRDIDA DE UN SUEÑO

ESTABA ESCONDIDA en el salón del coro de damas, con lágrimas corriendo por mis mejillas. Mis pensamientos clamaban: "Dios, ¿por qué nosotros no? Tenemos adolescentes en nuestro grupo juvenil saliendo embarazadas y una mujer en la iglesia que llama a sus hijos 'diablillos' y que ni siquiera demuestra amor por ellos. Nosotros te amamos y te servimos. ¿Por qué no podemos quedar embarazados?"

Pero mientras el coro cantaba "Conffa y Obedece" y yo escuchaba las palabras de ese himno, me recordaron un pasaje bíblico que recientemente me habían animado a memorizar:

---

*Aunque la higuera no florezca ni haya frutos en las vides; aunque falle la cosecha del olivo y los campos no produzcan alimentos; aunque en el redil no haya ovejas ni vaca alguna en los establos; aun así, yo me regocijaré en el Señor. ¡Me alegraré en el Dios de mi salvación! El Señor y Dios es mi fuerza.*
*Habacuc 3:17-19 NVI*

---

El profeta hablaba de un momento en que el pueblo de Dios estaba humanamente angustiado. No había comida, ni perspectiva de cultivos o ganado productivo. El pasaje no nos dice lo que Dios hizo por estas personas en respuesta a su situación desoladora. Pero si nos dice lo que necesitamos hacer.

*Dios es Bueno, que Él me ama y es Soberano.*

La situación parecía desesperada... pero el pueblo se regocijaba en el Señor. Y eso es lo que nosotros *también* debemos hacer. Debemos regocijarnos en el Señor, recordando quien es nuestro Señor Soberano.

¡Él es Soberano sobre nuestra *situación*!

Así que eso fue lo que hice. Me recordé a mí misma que Dios es Bueno, que Él me ama y es Soberano. Él decidirá de dónde vendrán nuestros bebés, ya sea de nuestros propios cuerpos, o de la misma forma cómo Dios ha expandido Su familia en el mundo, adoptándonos como sus hijos, y decidimos confiar en Él en *esto*.

Tal vez no has enfrentado la infertilidad. Pero apuesto a que en algún lugar o de alguna manera, la vida no ha resultado como pensabas. Quizás enfrentaste un divorcio. Tal vez un ser querido murió inesperadamente. Tal vez tuviste una pérdida financiera o laboral. Quizás tú o alguien a quien amas perdió la salud. Tal vez tuviste o aun tengas un hijo pródigo.

Todas estas situaciones implican la pérdida de un sueño. Tenías un sueño o una fantasía sobre cómo las cosas serían y han resultado de otra manera.

*Sea cual sea el sueño que se haya perdido o dondequiera que la vida que planeaste haya tomado un desvío,* todo se reduce a nuestras elecciones: cómo elegimos relacionarnos con Dios y cómo elegimos relacionarnos entre nosotros. En nuestra situación, decidimos desde el principio (¡cuando no nos embarazábamos y comenzamos la loca travesía de "invitar a un equipo de médicos a nuestra habitación"!) acercarnos aún más a Dios. Elegimos intencionalmente alabarle, confiar en Él y ser alegres en medio del dolor y la confusión.

*También decidimos no culpar. Desde el principio, decidimos que no diríamos es "mi culpa" o fue "tu culpa".* Estábamos juntos en esto, y nuestra situación no nos separaría. Y desde entonces, hemos seguido esforzándonos por elegir y pensar en "nosotros" en lugar de "yo" en nuestro matrimonio.

—Dwaina (And Patrick) Six

TOUCHING BASE "CONECTADOS"

# Alimento Para El Pensamiento

La pérdida puede manifestarse de muchas formas. Pero la pérdida de un sueño tiene tanto impacto como una muerte ffsica. Implica el fin de algo que esperabas o planeabas. Pero tal vez, como cristianos, deberíamos ver un sueño roto como un nuevo comienzo.

El plan de Dios puede incluso implicar algo mejor para ti. Permite que tu esperanza sea resucitada en un nuevo plan o propósito bajo el liderazgo del Señor. Considera los siguientes pensamientos mientras adoptas una nueva perspectiva en respuesta a la pérdida de un sueño:

- La pérdida de un plan o un objetivo no cambia quién eres. Puede haber cambiado tu situación laboral o posición en la vida, pero en el fondo, sigues siendo hijo del Dios Altisimo. Siéntete orgulloso de eso, sabiendo que eres una persona de gran valor para Dios.
- La Biblia nos asegura que todas las cosas obran para bien, no solo las cosas buenas. Comprende que Dios recoge los fragmentos de los deseos perdidos y las ambiciones no realizadas para que nada se pierda. Anímate por lo que Él hará con los restos de ese sueño perdido mientras lo transforma para bien en tu vida.
- A Dios le encanta dar buenos regalos a sus hijos. El fracaso de un sueño no implica que Dios no tenga preparadas otras bendiciones para ti. Sigue confiando en Él para que obre a Su manera, Su voluntad, en Su tiempo.

# AMOR Y RESPETO: UNA CUESTIÓN DE VIDA O MUERTE

AMO A MIS tres preciosos nietos, Hunter, Cooper y Aubrey. Me encanta divertirme con ellos en su casita de juegos, sentarnos juntos a ver una película, comer helados o simplemente dejar que me ganen cuando luchan conmigo en la cama. Mirarlos a los ojos, verlos sonreír y escuchar sus carcajadas me llena de una alegría que va más allá de las palabras. A menudo pienso en retrospectiva y considero que las cosas podrían haber sido drásticamente diferentes.

Su increíble mamá, Jennifer, es mi hija mayor, y su maravilloso papá, Tyler, es mi yerno. Cuando ellos eran novios, pasaron por un período diffcil. Durante ese tiempo, noté que Jennifer comenzó a hablarle irrespetuosamente a Tyler; mi esposa, Lori, también lo notó. Nos preocupaba, ya que no fue una sola vez; fue repetitivo.

Entonces, me senté con Jennifer, comparti nuestras preocupaciones con ella y luego comparti algunos versículos de la palabra de Dios sobre cómo debemos hablar y tratarnos mutuamente como pareja. Proverbios 18:21 dice: "La vida y la muerte están en el poder de la lengua". Efesios 5:33 dice: "El esposo debe amar a su esposa como a sí mismo, y la esposa debe respetar a su esposo".

Aunque aún no estaban casados, sabíamos que, si su relación continuaba así, se dirigía en mala dirección. Así que le dije a

Jennifer que, si quería casarse con él, debía hablarle con respeto. De lo contrario, en algún momento Taylor no lo soportaría más, y no habría matrimonio. Ella admitió que estaba frustrada por algunas cosas, pero no se había dado cuenta de que había estado haciendo eso tanto. Me agradeció por llamarle la atención; oramos juntos y nunca volví a ver ese comportamiento en ella.

Permítanme avanzar esta historia un par de años... Tyler me llama y me pide que vaya a almorzar en Saltgrass Steakhouse, que él pagaba, así que, por supuesto fui, ¡y comí mucho! Durante este almuerzo inolvidable, Tyler me pidió la mano de Jennifer en matrimonio. Le di nuestra completa bendición y le dije que Lori y yo sabíamos que él era "el indicado" desde la primera vez que lo conocimos. Pasamos un tiempo maravilloso juntos, y luego él dijo: "¿Puedo hacerte una pregunta?".

> *A menudo, el Señor te muestra cosas que nunca podrías ver con tus propios ojos.*

Le dije: "Pregúntame cualquier cosa". Entonces él preguntó: "¿Qué le dijiste?".

Inmediatamente supe a qué se refería, así que compartí la conversación que Jennifer y yo tuvimos hacía un par de años atrás.

Tyler me dijo que él y Jennifer estaban pasando por una mala racha y que no sabían si lo superarían. Luego dijo: «Pero tuviste una conversación con ella y todo cambió».

Entonces se me saltaron las lágrimas y le conté sobre la clase de mujer con la que se iba a casar. Jen es una mujer que se toma muy en serio su fe en Jesucristo. Le hablamos de algo, se arrepintió y nunca más volvimos a ver ese comportamiento. Jennifer me contó después que, después de nuestra conversación, le escribió a Tyler una carta contándole 100 cosas que admiraba y respetaba de él como hombre.

Jennifer y Tyler se unieron en matrimonio el 20 de julio de 2013. Nunca olvidaré ver el resplandor divino en ese lugar mientras acompañaba a mi hermosa hija al altar. Desde entonces, el Señor nos ha bendecido a nosotros y también a la nueva familia de Tyler y Jennifer con Hunter, Cooper y Aubrey.

A menudo, el Señor te muestra cosas que nunca podrías ver con tus propios ojos, transformándote para siempre. Eso me sucedió recientemente cuando leí un pasaje en Génesis, capítulo 20.

En este capítulo, Abimelec, rey de Gerar, intenta acostarse y tomar como mujer a Sara, la esposa de Abraham. Abraham había hecho pasar a Sara como su hermana. El Señor impidió al rey Abimelec hacerlo. Dios se le apareció en un sueño y le dijo que la devolviera. El rey Abimelec se arrepintió e hizo lo que el Señor dijo, le dio a Abraham dinero, ganado y siervos.

Entonces, se menciona algo muy interesante en los versículos 17-18. "Entonces Abraham oró a Dios, y Dios sanó a Abimelec, a su esposa y a sus siervas, y pudieron concebir hijos, porque el Señor había cerrado toda matriz de la casa de Abimelec debido a Sara, la esposa de Abraham".

Aquí está lo que el Señor me reveló cuando leí esto. El arrepentimiento siempre traerá vida en diversas formas; la negativa a arrepentirse siempre traerá muerte en diversas formas. Dios me mostró que, si mi hija Jennifer no se hubiera arrepentido de la forma en que le hablaba a Tyler, habría sido la muerte de su relación.

Pero ella se arrepintió, trayendo vida en Hunter, Cooper y Aubrey, ¡mis nietos! Así que cuando miro a los ojos de mis maravillosos nietos y los escucho decir, "Papá, te quiero", reflexiono y agradezco a Dios que tengo una hija increíble que escogió arrepentirse. Y Dios bendijo esa decisión con el regalo de la vida. ¡Oh, que grande es la bondad de Dios!

— Scott Dix

# Alimento Para El Pensamiento

¿Cómo es el ambiente de tu matrimonio? Esposos, ¿ustedes aman a sus esposas no sólo con sus palabras sino también con sus acciones? Esposas, ¿respetan ustedes a sus esposos tanto en palabras como en *acciones?* Como pareja, compartan un momento en el que su cónyuge hizo o dijo algo que los hizo sentir realmente amados. Luego, compartan un momento en el que dijeron o hicieron algo en el que no se sintieron amados; expresen cómo eso los impactó. Reciban los comentarios con aprecio y comprensión, no con negatividad o en una postura defensiva.

¿Están "trayendo vida" (palabras amorosas que construyen, edifican, animan) o "trayendo muerte" (palabras que derriban o son negativas, críticas) a su relación? Practiquen maneras creativas para traer vida el uno al otro y observen los efetos en su cónyuge y en el ambiente matrimonial. Lean y memoricen versículos clave como Proverbios 18:21 o Efesios 5:33.

¿En qué áreas de su matrimonio necesitan arrepentimiento? ¡Recuerden, es cuestión de vida o *muerte!*

*Padre, por favor ayúdanos a que el ambiente de nuestro matrimonio sea cálido, amoroso y respetuoso. Por favor, revélanos cualquier área que no sea agradable a Ti en pensamiento, palabra o acción, y ayúdanos a corregirla. Que caminemos en el Espíritu, trayendo vida el uno en el otro. En el nombre de Jesús. Amén.*

# MATRIMONIO EN EL DICCIONARIO

BUSQUÉ la palabra "matrimonio" en el diccionario. En las versiones de Wikipedia y la enciclopedia británica dice que "matrimonio" es un sustantivo. No me iría muy bien si comenzara una guerra sobre el significado de esta palabra con esas personas, las cuales son ciertamente inteligentes, pues escriben diccionarios. Y aquí debo decir... que... no tengo seguridad de que hayan acertado en esta definición.

Verás, he estado casado, estoy casado ahora y la mayoría de las personas que conozco están casadas. Ninguno de nosotros está viviendo un sustantivo. En mi experiencia, el matrimonio es mucho más un verbo que un sustantivo.

Considera mi punto de vista: Cásate, no hagas absolutamente nada para mantener tu matrimonio, eventualmente te darás cuenta de que no puedes simplemente presumir de estar casado sin haber cultivado realmente la relación.

> **El matrimonio es un verbo de acción; quizás el verbo de acción por excelencia.**

Y debido a que el matrimonio es un verbo, las acciones no siempre salen bien. ¿Alguna vez has visto películas o documentales sobre el programa espacial Apolo? Recuerdas la expresión icónica de esas películas: "Houston, tenemos un problema", y la confusión comienza. Cuando escucho esta famosa expresión, siempre pienso que habría sido divertido escuchar a un astronauta decirle al otro: "Wow, ojalá no hubiera dejado la cinta adhesiva en la plataforma de lanzamiento".

¿Es el matrimonio diferente? ¿En nuestra vida matrimonial con qué frecuencia pensamos: "Houston, tenemos un problema" ?, pues tal vez podría ser útil. Por ejemplo, en el matrimonio, nos puede enseñar cómo identificar o definir una crisis. Pero eso es tema para otra reflexión, otro día.

Como la palabra "Matrimonio" es un verbo, a veces las acciones resultan mejor de lo que imaginamos. Cuando, por ejemplo, se te da una segunda oportunidad en el amor, en un momento de la vida en el que dudabas que eso sucediera, todo puede parecer mejor de lo imaginado. Aquí hay una lección de vida: Dios es más grande que nuestra imaginación. Y con Él presente en nuestro matrimonio, la posibilidad de bendiciones aumenta exponencialmente porque Él no está limitado a nuestro pensamiento o entendimiento.

Siendo "Matrimonio" un verbo, hay acción en nuestra relación. Y la acción causa fricción. Aquí podría llevar esta analogía demasiado lejos y meterme en problemas, pero no lo haré. La verdad es que, en una relación matrimonial, las áreas de conflicto o "fuentes de fricción" surgen entre los dos cónyuges. En lugar de permitir que estas *áreas* de conflicto sean el foco principal y controlen la dinámica de la relación, es mejor permitir que Dios tenga el control sobre la relación. Esto implica confiar en Dios para que guíe la relación y buscar Su ayuda para resolver los conflictos. La cantidad de fricción, el calor producido por la fricción, el desgaste con el tiempo que causa la fricción debe manejarse con una perspectiva mejor.

No he recibido una llamada de Wikipedia para corregir el error gramatical sobre el término "Matrimonio" (solo bromeaba). Parece que a nadie le interesa lo que Yo sé (jejeje). ¿Te lo imaginas?

Puedo afirmar con certeza que un día Cristo vendrá por su novia, es decir, la comunidad de creyentes. En ese momento, seremos evaluados por nuestras acciones (como en el verbo), y no simplemente por el identificamos, sino cómo hemos vivido nuestras vidas y nuestra relación con Dios.

—Kim Lanier

# Alimento Para El Pensamiento

A menudo, las parejas exclaman con emoción: "¡Nos vamos a casar!" Pero el matrimonio no es algo que *obtienen*. Es algo que *hacen*.

Con el tiempo, la relación matrimonial puede volverse monótona o carecer de emoción. Esto ocurre tipicamente cuando su matrimonio se convierte en algo que tienen, en lugar de algo que hacen.

Sean intencionales en sus interacciones diarias como pareja para mantener viva la llama. Continúen realizando las actividades que solían disfrutar juntos desde que se casaron.

Apocalipsis 2:4 enseña: "Pero tengo esto contra ti: has abandonado tu primer amor". Esta escritura significa: "Dejaste de hacer las cosas que solían disfrutar juntos cuando se enamoraron, por primera vez".

Hagan una lista de las cosas emocionantes que hicieron juntos al principio de su matrimonio. Luego, marquen las que todavía son parte de su rutina hasta el día de hoy. ¿*Es* hora de incorporar algunas de esas costumbres anteriores nuevamente en su relación?

Ejemplo: Salir juntos 2-3 veces por semana.

[ ] _____

[ ] _____

[ ] _____

[ ] _____

[ ] _____

# EL MATRIMONIO IMPORTA

TU MATRIMONIO ES IMPORTANTE, eso es lo que quiero decir. Especialmente en la cultura actual, tu relación tradicional creada por Dios como marido y mujer es importante. Hoy más que nunca. Permíteme darte solo dos razones del por qué:

Hasta el día en que muramos, Tammy y yo citaremos palabras de un hombre a quien conocimos como un Juan el Bautista de este tiempo moderno, el difunto y muy extrañado Jon Randles. Como oradores principales en la mayoría de nuestros eventos matrimoniales Three2One, Jon y su esposa, Kelly, enseñaron que esta primera verdad es clave: " Tu matrimonio es tu segundo más importante testimonio".

Después de tu relación personal con Jesucristo, tu testimonio matrimonial se convierte en tu segunda historia más importante. Sí, la gente todavía te ve como individuo. Sin embargo, siempre con la consideración de que ahora estás casado y unido como una sola carne con tu cónyuge. Tienes una alianza en el dedo. Las personas comienzan a escucharte y a mirarte de manera diferente. Observan cómo tratas a tu esposo o esposa en público. Tus amigos observan, tus compañeros de trabajo observan, tu iglesia observa, tu familia observa y especialmente tus hijos observan (¡y sabemos que ven la verdadera situación en casa)!

En Efesios 5 (versículos 22-33), Pablo afirma que el matrimonio cristiano es un misterio. Pero una cosa que él sabe con certeza es que la unión entre un esposo y una esposa representa a Cristo y

*Estás en y dentro de un árbol genealógico, varios árboles.*

la Iglesia. ¡Vaya! Esta es una realidad preocupante. Tu matrimonio es lo que el mundo a tu alrededor ve como una imagen de Jesucristo y su Novia. Así que, "Sin presión". Sólo que sepas que tu matrimonio está testificando algo 24/7.

Está hablando en voz alta al mundo a tu alrededor, y no importa si es tu primer o quinto matrimonio. Lo que importa para Dios y para los demás es dónde te encuentras en este momento.

La segunda razón por la que tu matrimonio importa es porque es tu LEGADO. ¡Ya eres el ancestro de alguien! Hmmm... eso suena como si ya estuvieras viejo. *¿Hay alguien aquí interesado en su árbol genealógico o de sus ancestros? Incluso si no estás interesado en eso*, estás en y dentro de un árbol genealógico, varios árboles. Y las personas que dejamos atrás continuarán viviendo de manera similar a como nosotros lo hicimos, principalmente observando nuestras acciones y comportamientos. Pero también por tener nuestros genes. Eso también puede ser una realidad preocupante e incluso aterradora.

No solo tus hijos, sino todos aquellos a quienes alguna vez influenciaste, se inclinarán a hacer las cosas como las hiciste tú. El Antiguo Testamento habla de los pecados del padre que visitan a la tercera e incluso cuarta generación de aquellos que Le aborrecen. Mirando retrospectivamente, ¿cómo ves a aquellos que vinieron antes de ti? Y sin tener a Jesús en sus vidas, ¿qué ves? Por eso tus hijos y sus hijos necesitan amar a Jesús; ese es el legado que queremos dejar.

Mi papá, a quien yo respetaba por cómo nos proveía y nos criaba, a veces me decía (a mí su primogénito): "Sherman, haz lo que yo digo, no lo que yo hago". Realmente no sabía lo que eso significaba en ese momento. Pero mi padre sabía que lo estaba observando y aprendiendo cosas que esperaba que no hiciera.

Espero que sepas que eso no funciona así. Nuestros hijos escuchan lo que decimos, y pudiera ser que no estén escuchando, pero definitivamente harán lo que hacemos. Conforme iba creciendo, me daba cuenta cada vez más de las cosas que no quería repetir, ni en mi matrimonio ni al criar a mis hijos.

Todos hemos pensado esto alguna vez: "¡Oh, Yo nunca seré así!" O tal vez: "nunca seré... diré... o haré... eso!" Ok, ¡Buena suerte con eso!

Hasta el día de hoy, cuando hago o digo algo que podría haber sido similar a mi crianza, antes de que pueda juzgarme a mí mismo, mi esposa me dice: "Bueno, Se te salió el Hobbs". Ufff. No importa cuánto quiera evitar repetir las formas ancestrales de familia, olvido que tengo sus genes.

Pero afortunadamente, también tengo al Espíritu Santo. Y el Espíritu Santo triunfa sobre esos genes ancestrales cuando se lo permito.

Así que estoy consciente de que es importante cómo vivo la vida cotidiana frente a quienes me observan. Lo que ven en mí se manifestará en algún momento en sus vidas. Y, con oración, veremos el fruto de nuestras acciones en ellos.

"Señor, Dios, te lo ruego. Que solo sean los buenos frutos los que imiten de mí. Amén".

---

*A los jóvenes, exhórtalos a ser sensatos. Con tus buenas obras, dales tú mismo ejemplo en todo. Cuando enseñes, hazlo con integridad y seriedad, y con un mensaje sano e intachable. Así se avergonzará cualquiera que se oponga, pues no podrá decir nada malo de nosotros.*
*Tito 2:6-8*

---

—Sherman Aten

# Alimento Para El Pensamiento

El aprendizaje observacional es un fenómeno que nos ayuda a interactuar con los demás. Maestros, padres, compañeros de trabajo, amigos y hermanos influyen a través de los comportamientos modelados y repetitivos. En la fe cristiana, llamamos a esto "discipulado". Tenemos la responsabilidad de cuidar nuestra manera de actuar y hablar. 1 Timoteo 4:16 dice: "Ten cuidado de tu conducta y de tu enseñanza. Persevera en todo ello, porque así te salvarás a ti mismo y a los que te escuchen". Lo que hacemos y cómo nos relacionamos con los demás demuestra el amor y el ejemplo de santidad de Jesús.

¿Quién ha sido colocado en tu camino que observa de cerca tu comportamiento? Enumera a las personas en el espacio a continuación, incluye a tu cónyuge, hijos, miembros de la iglesia u otros en tu esfera de influencia. Comprométete a orar por cada uno de estos nombres durante los próximos diez días.

Pídele al Señor que te muestre áreas débiles donde no estás modelando comportamientos que reflejen el amor de Dios. Permítele que, a través del Espíritu Santo, te ayude a ser más consciente de tus acciones y enseñanzas.

_____

_____

_____

_____

_____

_____

_____

# MASCULINIDAD, NO PASIVIDAD

LOS HOMBRES QUE NO luchan contra la tiranía a menudo caen en el otro extremo: "La Pasividad". Es una melodía sutil y astuta que conduce a una masculinidad corrupta. El libro del Génesis demuestra que el primer pecado en la Biblia no es comer del fruto prohibido, sino la pasividad de Adán.

> *La mujer vio que el fruto del árbol era bueno para comer, y que era atractivo a la vista y era deseable para adquirir sabiduría; así que tomó de su fruto y comió. Luego dio a su esposo, que estaba con ella, y él también comió.*
> Génesis 3:6 NVI

A medida que lees el pasaje bíblico observas que Adán guarda silencio mientras Eva escucha a la Serpiente. Él se muestra pasivo mientras escucha a Eva. Él es cómplice cuando toma y come el fruto prohibido estando físicamente cerca de Eva. Adán está allí con ella, al margen, sin tomar ninguna medida al respecto mientras las cosas van mal.

Bailamos a este mismo son cuando nuestros empleados, mejores amigos, novias, esposas e hijos van en declive. Levantamos las manos y decimos: "**¡No es mi problema!**" o cualquiera de estas frases comunes: "Estoy demasiado cansado, Hoy no, Estoy agotado. Mi trabajo es muy estresante. Resuelvo problemas toda la semana en el trabajo. Estoy deprimido. Merezco relajarme en el sofá y desconectarme". Al negarme a participar, abandono a mis seres queridos a su suerte, dejándolos lidiar con las dificultades por sí mismos.

Y así, después de decir "no es mi problema" todo el tiempo, lo que Dios me ha encomendado comienza a desmoronarse. Entonces, lanzo otra frase pasiva, "¡No es mi culpa!" Esta fue la primera reacción de Adán ante su pasividad.

Adán se siente culpable y avergonzado, así que diseña ropa para él y para Eva, y después se esconden. (Génesis 3:9-12). Luego, Adán echa la culpa a Eva. En lugar de asumir la responsabilidad, Adán dice: "Esta mujer que me diste...". No solo está culpando a Eva, sino también a Dios. Está diciendo: "Es tu culpa, y es su culpa".

La esencia de esta pasividad se refleja en la frase final: "**¡No es mi responsabilidad!**" Estoy ocupado. Estoy arrasando en la cima de mi trabajo. Soy un deportista de alta categoría... ya captas la idea. Estas tres frases son la bendita trinidad de la masculinidad pasiva. La pasividad puede golpear en las áreas financieras, matrimoniales, emocionales, vocacionales, parentales o espirituales.

*La masculinidad es cuando bailamos al son que Dios nos toca.*

Hombres, ¿dónde nos equivocamos? ¡No sabremos cómo es tener una masculinidad saludable! Hasta que la canción correcta se descargue en nuestra lista de reproducción, seguiremos cambiando de canción en canción entre la tiranía y la pasividad. Desafortunadamente, las personas que más nos importan serán las sucediendo.

¿Qué restaurará nuestra hombría? La masculinidad es cuando bailamos al son que Dios nos toca. La forma de recuperar la masculinidad (lo que perdimos en Adán) es descubrir ese son para que lo podamos bailar. La partitura de esa pieza musical es una masculinidad saludable y diseñada por Dios. Encuentra un mentor. Encuentra una iglesia. Escucha con atención.

Las esposas tienen un papel importante en este contexto. Deben animar a sus esposos cuando tomen la iniciativa y lo intenten, sin importar lo pequeño que sea el esfuerzo. Deben expresarles cómo admiran y respetan su intento. También es importante que le digan que están de su lado, apoyándolos. Existe una gran posibilidad de que, al recibir este tipo de apoyo, los esposos estén dispuestos a intentarlo nuevamente.

—Dr. Joe Stewart

# Alimento Para El Pensamiento

Joe Rigney, un autor y teólogo reconocido, una vez dijo: *"La Masculinidad es acerca de asumir la responsabilidad por la seguridad ffsica, emocional y espiritual de nuestros seres queridos"*. La masculinidad está directamente relacionada con el llamado de Dios.

Se manifiesta naturalmente cuando los hombres siguen sacrificialmente a Cristo, quien es el fundamento de la masculinidad.

Cristo tomó la insuficiencia y el pecado de Adán en la cruz y resucitó con un nuevo plan para el hombre. Mientras que Adán era pasivo e irresponsable, Cristo se convirtió en el ejemplo que protege, defiende y provee para aquellos a quienes ama.

De estas tres siguientes características de Adán, ¿con cuáles luchas más?

¿Cuál de estas tres características a continuación del nuevo Adán necesitas trabajar más?

ANTIGUO ADÁN:

- "No es mi problema".
- "No es mi culpa".
- "No es mi responsabilidad".

NUEVO ADÁN (EN CRISTO):

- "Protegeré".
- "Defenderé".
- "Proveeré".

# MASCULINIDAD, NO TIRANÍA

DOS PASOS llevan a los hombres a remolinear con un astuto enemigo de dos maneras: 1) La Tiranía o 2) La Pasividad. Discutimos la Pasividad de Adán en el devocional anterior, así que abordemos la Tiranía ahora.

La Tiranía ocurre cuando un hombre abusa del mandato de co-gobernar con Dios como un rey. Es como desconectarse los auriculares para actuar de forma independiente, con poder y autoridad de forma descontrolada y desenfrenada.

---

*A la Mujer le dijo: "Multiplicaré tu sufrimiento en el parto y darás a luz a tus hijos con dolor. Desearás a tu marido, y él te dominará".*
*Génesis 3:16 NVI*

---

El versículo anterior es difícil de definir, pero marca definitivamente una transición en el tempo debido a la caída de la humanidad. El hombre se convierte en un tirano dominante en lugar de un siervo amoroso. Es una melodía que se repite constantemente mientras la virilidad demuestra la masculinidad.

Esta teoría está arraigada en algunas culturas como fortaleza (junto con el mantra "No necesito la ayuda de nadie"). Pero en realidad, no es una fortaleza sino una víctima. Satanás utiliza las notas al margen en Génesis para producir caos, desenredar relaciones, causar violencia y traer muerte. La alienación se produce entre nosotros mismos, de nuestro creador y de la naturaleza misma, y lo que los hombres fueron llamados a "cultivar" se convierte en maldición.

Es algo demasiado común. Una gran minoría de mujeres viven en un hogar donde hay abuso. La tiranía es controladora, egoísta, agresiva y abusiva. Intenta transformar a quienes te rodean en una imagen fabricada, en lugar de en la imagen de Dios.

Con la tiranía, los padres dictan la danza hasta el más mínimo detalle y exasperan a sus hijos imponiéndose sobre ellos. Los esposos amenazados por la fuerza o competencia de sus esposas las derriban con palabras y heridas.

Y tristemente, cada hombre es capaz de bailar al ritmo de la tiranía. Esto incluye a pastores con poder, entrenadores con un silbato, empresarios con un talonario de cheques y esposos con una lengua. Probablemente operamos desde la tiranía más a menudo de lo que pensamos. Se desenreda rápido y oscuro, y vamos a la guerra contra quienes nos rodean en lugar de unirnos a la batalla por ellos.

Al principio, oprimí a mi esposa. Quería controlarla en lugar de cautivarla. Esperaba remodelarla a mi imagen en lugar de permitir que reflejara hermosamente la imagen de Dios.

Estoy agradecido de haber aceptado el llamado de Dios contra la tiranía y haber elegido la intencionalidad y la vulnerabilidad. Eso implica ser un "hombre de verdad". La masculinidad perfecta se muestra a través de Jesús. Él es el hombre más masculino que jamás haya vivido. Para evitar las formas crueles de la tiranía, los hombres deben caminar, hablar y vivir como Jesús.

—Dr. Joe Stewart

TOUCHING BASE "CONECTADOS"

# Alimento Para El Pensamiento

Hay varias causas fundamentales para la tiranía en un *matrimonio:*

- Inseguridad
- Pérdida de control
- Celos
- Creencias incompatibles
- Falta de respeto o valor hacia el otro

Y se disfraza de muchas formas, como sobreprotección, manipulación emocional, intimidación o dominio y control absoluto. Pero este comportamiento no puede (ni debe) ser tolerado en un hogar cristiano. Nuestro ejemplo debería ser Jesucristo, quien se entregó por su esposa (echa un vistazo a Efesios 5:25).

Si observas cualquiera de los comportamientos a continuación en tu relación, es hora de pedir ayuda al Señor para liberarte de ellos:

- Justificar tus acciones inapropiadas
- Racionalizar cuando sabes que has hecho algo mal
- Adoptar una mentalidad de víctima para cada desacuerdo
- Ignorar por completo a tu cónyuge
- Sentir que eres mejor que tu cónyuge u otras personas

*Señor, humildemente te pido que crees un corazón limpio y un espíritu recto hacia ti y mi matrimonio. Limpia mi corazón orgulloso y ayúdame a estar atento a la guía de tu Espíritu Santo. En el nombre de Jesús. Amén.*

# ¿ME PUEDES DAR TU AUTÓGRAFO?

ME ENCANTÓ esta escena que aún recuerdo vivamente: Después de ganar un partido crucial contra los San Francisco 49ers en el Juego por el Campeonato de la NFC en 1992, el entrenador de los Cowboys, Jimmy Johnson, estaba muy emocionado y gritó "¡Qué tal los Cowboys!" en el vestuario, mostrando su orgullo por el equipo. Luego, dos semanas más tarde, los Cowboys ganaron el Super Bowl XXVII contra los Búfalo Bills en Pasadena, lo que hizo que la victoria en el vestuario fuera aún más significativa, ya que demostraba la confianza y el entusiasmo antes de su gran victoria *final*.

Amamos a los Dallas Cowboys; nuestros hijos crecieron viendo los juegos todos los domingos. Incluso salíamos al patio y jugábamos juntos. Nuestra hija menor, Brianna, a menudo usa una camiseta que dice: "Mi papá me enseñó sobre Jesús y sobre la interferencia de pase".

Pero yo no sabía que esos domingos estaban desarrollando una pasión especial en Brianna. Le encantaba el futbol americano y quería cubrir como reportera deportiva los juegos. Mi hija Brianna es sanguínea; es muy extrovertida, está siempre animada y es divertido estar cerca de ella. Estudió Comunicación Audiovisual en la Universidad Bautista de Dallas, y descubrió su talento para estar frente a las cámaras y compartir las historias de la gente.

Lori y yo siempre hemos querido que nuestros hijos tengan una relación cercana con Dios. No solo conocerlo, sino tener esa relación vital y creciente, en comunión todos los días. Me encanta el libro de Henry Blackaby, "Mi Experiencia con Dios", Dios cambió mi vida a través de su estudio.

En él, Henry extrae verdades o "realidades" de las Escrituras que muestran cómo Dios siempre está trabajando a nuestro alrededor; Dios busca una relación con nosotros y nos invita a participar con *Él* en Su obra. En este libro de estudio, el autor trata de enseñar cómo Dios habla y cómo reconocer Su voz a medida que se revela a sí mismo, Sus propósitos y Sus caminos. Según Henry, cuando Dios se comunica con nosotros, implica una "crisis en el creer" donde debemos tener fe, tomar acción y hacer los ajustes necesarios para participar en la obra de Dios. Pero al hacerlo y seguir en obediencia, experimentaremos cómo Dios realiza Su obra a través de nosotros.

Siempre hemos orado para que Dios nos use individualmente y como familia para Su gloria. Debo admitir que me puse muy nervioso cuando supe que mi hija quería involucrarse en la industria del deporte y entretenimiento, donde hay tanta impiedad. Sin embargo, esa es precisamente la razón por la que Dios la ha colocado allí; ella debe ser sal y luz en esa industria. Cuando estaba en la universidad, vimos cómo Dios se revelaba a Sí mismo y Su plan en ella. Por ejemplo, solicitó una pasantia con los Dallas Cowboys. Ella había estado orando de manera muy general para que el Señor la pusiera donde *Él* quisiera, ya que haría conforme Su voluntad.

Luego, una noche en una reunión de oración en la universidad, uno de los presentes, que ella ni conocía se le acercó y dijo: "No sé si esto significa algo para ti o no, pero siento de parte de Dios decirte que, si quieres algo, necesitas pedirlo". Brianna respondió: "Sé exactamente lo que eso significa, y gracias por compartirlo conmigo". Ella fue a casa y derramó su corazón ante el Señor, orando específicamente por la pasantia. A la mañana siguiente, recibió un mensaje de texto para una entrevista y, al *final*, obtuvo el puesto.

Dios obró a través de Brianna de maneras asombrosas durante esa pasantia, y ella lo experimentó mientras Él llevaba a cabo Su plan a través de ella. Dejaré que ella describa en sus propias palabras uno de sus momentos memorables:

*Como pasante en el día del Evento de Presentación del Juego en el 2016 y para algunos de los días de juego, mi trabajo era escoltar al trompetista del Himno Nacional, Freddie Jones. Durante uno de los primeros juegos de esa temporada, fui su escolta y pude estar en la línea de banda para el inicio del partido. La música comenzó y comencé a llorar. La multitud cantaba el himno al unísono y me estremecí. Miré hacia arriba y sentí la presencia de Dios, y Él me habló. Me dijo claramente: "Brianna, mira dónde estás. Mira dónde te he colocado. Soy fiel; ¿confiarás en mí?" Nunca podré olvidar ese momento; sabía que estaba donde Él me quería. Nunca dudes de Dios o de lo que Él es capaz; hay una razón por la que Él pone esos deseos en tu corazón.*

Salmo 37:4 dice: "Deléitate en el Señor y Él te concederá los deseos de tu corazón". Esa pasantia le abrió la puerta para trabajar como reportera y escritora para D210 Sports, cubriendo nada más y nada menos que: ¡adivinaste! — a los ¡Dallas Cowboys! Ella asiste a las prácticas del equipo, las conferencias de prensa y los vestuarios. Y en los días de juego, ella se sienta en la cabina de prensa analizando/reportando sobre el juego.

He sido testigo de cómo ella brinda consuelo a aquellos que enfrentan desafíos en la vida, ya sea la pérdida de un hermano o un hijo o a aquellos que simplemente necesitan ánimo. Ella ha compartido de su fe con Leyendas del Salón de la Fama, los guardias de seguridad, otros reporteros y el personal de los medios de comunicación.

El momento más gratificante ha sido para mí cuando ella habló en un banquete para madres e hijas en el Metroplex. Brianna habló ante una audiencia que incluía desde niñas pequeñas, jóvenes de la escuela secundaria y de la universidad, hasta sus madres. Observé con asombro cómo ella expuso su vida con total transparencia frente a estas mujeres. Brianna habló sobre sus pensamientos, planes y sueños, y cómo estos cambiaron con la muerte de su hermana. Habló sobre cómo fue su experiencia con Dios durante ese tiempo y cómo cambió su perspectiva a partir de entonces.

Brianna les dijo: "Desde entonces, prometí vivir cada día con una sonrisa en mi rostro y perseguir mis pasiones. Sé lo breve que es la vida, así que he soñado en grande. Dios tiene una manera de mover montañas y hacer posible lo que parece imposible". Ella desafió a estas mujeres a abrazar el plan de Dios para sus vidas y vivirlo con pasión, a vivir una experiencia con Dios en cada paso del camino. Mientras paseaba mis ojos por la sala, supe que Dios había capturado completamente los corazones de estas mujeres mientras les hablaba a través de Brianna.

Después de su charla, una hermosa niña de nueve años se acercó a Brianna y habló con ella por un minuto. La niña le dijo: "¿Me puedes dar tu autógrafo?" Brianna la abrazó y le escribió una nota amorosa y alentadora. En ese momento, todo se unió para mí: la pasión, el propósito, el camino. Dios le dio a Brianna la pasión para recorrer ese camino y usarla para llegar a las personas para Su gloria.

—Scott Dix

TOUCHING BASE "CONECTADOS"

# Alimento Para El Pensamiento

A lo largo de las Escrituras, se nos anima a pedirle a Dios lo que queremos. Dios escucha nuestras peticiones y se regocija al responderlas. Pero esto requiere una relación personal y profunda con Él.

1. ¿Conffas en que Dios hable a tus hijos y guíe su camino, o intentas tu determinar su camino? Lee Proverbios 3:5-6.
2. ¿Has hablado con tus hijos sobre lo que les apasiona? Considera un tiempo especial, o una cita con ellos como un momento maravilloso para escucharlos sobre sus pasiones, esperanzas y sueños.
3. ¿Has "experimentado" a Dios? ¿O solo sabes acerca de Él? Considera dedicar tiempo para estudiar "Mi experiencia con Dios: Como conocer y Hacer la Voluntad de Dios", de Henry Blackaby. Háganlo juntos como pareja.

*Padre, ¡gracias por amarnos y buscarnos! Por favor, ayúdanos a experimentarte individualmente, en nuestros matrimonios y en nuestras familias. En el nombre de Jesús. Amén.*

# MI HOMBRE

*...¡encontré a mi amado!*
*Lo tomé y lo abracé con fuerza...*
Cantares 3:4 NVI

ME CASÉ con mi mejor amigo, el amor de mi vida.
Todavía estoy muy "enamorada".

Nos conocimos cuando éramos estudiantes universitarios. Siempre quisimos estar juntos. Y aun lo queremos así, después de 38 años. Eso nunca ha cambiado.
Cuando encuentras al amor de tu vida, descubres a la persona con quien compartirás tu camino para siempre.

Amo su fortaleza.
Amo su valentia.
Amo que pone un pie delante del otro, incluso cuando está herido.
Amo su liderazgo audaz, aunque también pide mi opinión.
Amo su constancia:
- ✓ Su tiempo devocional, en su silla con su café.
- ✓ Un paseo en bicicleta después de eso.
- ✓ Sus rituales nocturnos.

Amo que él ama a Dios más que a mí.
Amo que es consciente de su salud y de la mía también.

Amo que sigue siendo lo más parecido a Jesús que he visto en este mundo.

Amo ver cómo se le iluminan los ojos y cambia su rostro al ver a cualquiera de sus nietos (me derrite el corazón).

Lo Amo.

—Tammy Aten

TOUCHING BASE "CONECTADOS"

# Alimento Para El Pensamiento

¿Le has dicho a tu cónyuge "sus cosas"? Tú Sabes, esas pequeñas cosas que realmente amas de él.

Haz una lista de las cosas ordinarias y *extra*ordinarias que adoras en tu pareja. Luego, dedica un tiempo para compartirle lo que está en esa lista.

# UN MISTERIO Y UN MILAGRO

EL MATRIMONIO—¡Pablo dijo que era un misterio! Pero, sin duda, es un milagro. Jesús dijo:

*Así como tú me enviaste al mundo,
yo los envío al mundo.
Juan 17:18*

El matrimonio bíblico es una unión notable entre dos individuos. Las Escrituras nos guían sobre cómo debe ser este vínculo de cuerpos, mentes, corazones y almas. El matrimonio es tan sagrado para Dios, que Él instruye a los esposos a amar a sus esposas con el mismo amor que Él tiene por Su iglesia. Sin embargo, parece haber una grave falta de ejemplos bíblicos que nos muestren exactamente lo que *Él quiere decir.*

Adán y Eva fueron los primeros en mostrar lo que significa unirse en matrimonio, pero su amor y desobediencia introdujeron el pecado y la muerte en el mundo. Abraham y Sara son frecuentemente citados como un ejemplo importante de matrimonio, pero enfrentaron desafíos cuando Sara, al no poder tener hijos, permitió que Abraham tuviera un hijo con su criada, lo que llevó a conflictos familiares y tensiones entre sus hijos. Por otro lado, el rey David amaba a Abigail de manera especial, aunque ella fue solo una, de sus varias esposas.

En la Biblia, hay muchas historias de relaciones complicadas y misteriosas. Aunque algunas parejas parecen llevar su relación de manera correcta, como es el caso de José y María, quienes muestran un gran ejemplo de *f*idelidad y compromiso, la mayoría de las relaciones bíblicas presentan dificultades. José, por ejemplo, se mantiene *f*iel a María a pesar de que ella está embarazada por una concepción divina, lo cual es un acto de gran fe y lealtad. Sin embargo, estos ejemplos positivos son pocos en comparación con la cantidad de historias de relaciones problemáticas que encontramos en las Escrituras. Esto plantea la pregunta: ¿por qué hay tan pocos ejemplos de matrimonios que funcionan bien en la Biblia?

Solo para que sepas, yo preferiría ir a la batalla con 10,000 hombres en lugar de 300. Yo no enviaría a un bebé a hacer el trabajo de un rey, y yo no elegiría a doce desadaptados para llevar a cabo mis planes. Sólo digo…

Por lo tanto, se me ha ocurrido que tal vez el matrimonio encaja en la misma categoría de los milagros y otras obras que solo pueden explicarse como intervenciones divinas. Quizás el matrimonio es un estilo de vida consagrada, pero que simplemente, no lo hacemos bien.

Creo que la primera vez que escuché la frase "Tu vida y tu testimonio pueden ser la *única* representación visible de Jesús para los otros" fue desde un púlpito, por un misionero bautista del sur. Cuando niño, prefería que me vieran jugar al béisbol, porque realmente quería ser un jugador de las Grandes Ligas. Pero a medida que crecí en la vida y en el matrimonio, he llegado a comprender la importancia del matrimonio cristiano a los ojos del mundo. Mi cónyuge es un regalo milagroso. Nuestro matrimonio es nuestra representación de nuestro Salvador. Nuestro amor del uno por el otro es un ejemplo de Su amor por nosotros. No sé por qué Él lo haría, y no estoy seguro de que el matrimonio sea la forma en que yo mostraría mi amor al mundo.

Entonces, otra vez ¿no es eso algo como lo que Dios haría?

—Kim Lanier

TOUCHING BASE "CONECTADOS"

# Alimento Para El Pensamiento

En la Biblia, no existen parejas "perfectas". Y, sin embargo, Dios nos ha dado el matrimonio como parte de Su plan divino para ayudarnos a ser más como Cristo. Alguien dijo una vez: "Un matrimonio perfecto es simplemente dos personas imperfectas que no se rinden el uno al otro".

La unión más perfecta es la de Cristo con Su iglesia. Y debemos usar el ejemplo de Cristo para deshacernos de todo egoísmo, envidia, inseguridad, duda y la multitud de pecados que traemos a nuestro matrimonio.

En lugar de comparar tu matrimonio con otro, aquí en la tierra, considera la unión misteriosa de Cristo y Su Novia. Así es como debemos comportarnos el uno con el otro. Los maridos y las esposas deben imitar la relación que Dios ha planeado, basada en el modelo de Cristo y la iglesia.

A continuación, se presentan algunos atributos de Cristo hacia su Novia. ¿*Cuáles* te hacen tropezar en tu relación? Pídele al Señor que perfeccione aquello que te preocupa (Salmo 138:8).

- Humildad
- Capacidad de ceder
- Atención
- Capacidad de pasar por alto las ofensas
- Responsabilidad por las acciones
- Provisión
- Apoyo: emocional, ffsico y espiritual
- Reverencia

# NUNCA TE DEJARÉ IR

*¿Han visto ustedes al amor de mi vida? No bien los he dejado, cuando encuentro al amor de mi vida. Lo abrazo y, sin soltarlo, lo llevo a la casa de mi madre, a la alcoba donde ella me concibió. Cantares 3:3b-4 NVI*

ES BUENO RECORDAR los diferentes "tiempos" de la vida. Como en los años 80, cuando la música era, es y siempre será la mejor de todos los tiempos. Incluso mi hijo y mi hija, que son mileniales, están de acuerdo. Puede que tú no lo estés, pero tienes derecho a equivocarte. ¡Ja, Ja!

Piensa en "Never Gonna Let You Go" (Nunca te dejaré ir) de Sergio Mendes. Ese fue el primer dueto que Tammy y yo cantamos juntos. Ni siquiera estábamos saliendo como enamorados, al menos, no en ese entonces.

Tammy y yo nos conocimos cuando éramos estudiantes de música en una entidad educativa privada, al Oeste de Texas, la Universidad Bautista de Wayland. Ninguno de los dos hizo planes para ir allí. Después de la secundaria, mi plan era ir al oeste, a California, junto con mi amigo Guy Penrod. En la secundaria nosotros recibimos becas por nuestro talento en el canto del Instituto Bíblico Bautista de la Costa del Pacífico y pensábamos que teníamos todo listo.

Guy y su familia se habían mudado a Hobbs, Nuevo México, en 1978, donde su padre era pastor de la Iglesia Bautista de Temple.

Un día, casualmente estaba en las instalaciones de la cátedra de música y me pidieron que acompañara a un nuevo estudiante que estaba audicionando para el Coro Acapella. El coro era dirigido por mi mentor espiritual y musical, Ben Canfield, o el "Sr. C", como lo llamábamos. (Hasta podría hacer este devocional sobre el Sr. C, pero no lo haré). Durante los siguientes tres años, el estudiante del coro (Guy) y yo nos convertimos en los mejores amigos, y tal vez pasaba más tiempo en su casa que en la mía.

Yo no era de una familia cristiana, así que los Penrod prácticamente me adoptaron. Y, como resultado, ninguno de los dos, ni Guy ni yo, fuimos a California. Dios llevó a Guy a la Universidad de Liberty, y a mí me ofrecieron una mejor beca en Wayland. ¡Me contenta saber que Alguien estuviera organizando mis pasos!

Tammy creció siendo hija de pastor. Su mamá y su papá, Hollis y Jo Payne, eran unos de los maestros/pastores más piadosos y de la mejor generación que West Texas haya conocido. Pero, como la mayoría de los hijos de pastores, cuando llegó el momento de ir a la universidad, Tammy quería estar más lejos que 45 minutos de viaje de su casa. Había recibido una beca de piano para la Universidad del Norte de Texas en Denton, y se fue, ¡no más casas de cristal para ella, (¡donde estaba constantemente observada y todo lo que hacía podría ser visto y juzgado por los demás!)

*¡Me contenta saber que Alguien estuviera organizando mis pasos!*

La Universidad del Norte de Texas era donde se formaban los músicos, y este era el sueño de Tammy. Pero, nuevamente, Alguien más tenía el control. Se enfermó un semestre y tuvo que regresar a casa. Ella terminó estudiando a 45 minutos de distancia de su casa, donde dijo que no iría, a Universidad Bautista de Wayland. Y claro, ella mantenía su palabra, diciendo que solo estaba allí "terminando un semestre", y que no era permanente. Pero esta universidad... hmmm... ¡era diferente! Y, por supuesto, en ese mismo tiempo,

## TOUCHING BASE "CONECTADOS"

Dios estaba cambiando mis pasos, y llegué a Wayland un semestre después que Tammy.

Avancemos rápidamente al 1983 y a los tiempos del Espíritu de América de Cantantes y Bandas. Fue allí donde Tammy y yo cantamos nuestro primer dueto, "Never Gonna Let You Go" (Nunca te dejaré ir) . En ese momento, no me di cuenta de que estaba cantando esto con (y para) mi futura esposa. Dios nos estaba dando una pequeña mirada a Su Palabra:

---

*Porque yo conozco los planes que tengo para*
*ustedes —afirma el Señor—, planes de bienestar y no de*
*calamidad, a fin de darles un futuro y una esperanza.*
*Jeremías 29:11 NVI*

---

Cantamos esta canción casi todo el semestre, cada vez que nuestro grupo actuaba. Las hormonas aumentaban cada vez. Todavía, hasta el día de hoy la cantamos. Siempre que suena en la radio o en alguna lista de reproducción, detenemos lo que estemos haciendo, y cuando suena el coro, se nos aguan los ojos.

Puede que pienses: "yo no se cantar", y puede que no te guste la música de los 80. Pero en algún momento, "Never Gonna Let You Go" (Nunca te dejaré ir) también ha sido tu canción. Así que, intentemos un ejercicio divertido.

Tómate un momento para aclarar tu garganta, revisa las palabras aquí, luego mírense el uno al otro. Tal vez bailen pegados, mientras cantas esta canción a tu pareja. ¿Listo? ¡Vamos...!

*Never gonna let you go. I'm gonna hold you in my arms forever.*
*Gonna try and make up for the times I've hurt you so.*
*Gonna hold your body close to mine.*
*From this day on, we're gonna be together. I swear this time,*
*I'm never gonna let you go.*

*(Nunca te dejaré ir. Te sostendré en mis brazos para siempre.
Intentaré compensar las veces que te lastimé.
Voy a sostenerte junto a mí. A partir de hoy, estaremos juntos.
Te aseguro que esta vez, nunca te dejaré ir)*

—S̲herman A̲ten

TOUCHING BASE "CONECTADOS"

# Alimento Para El Pensamiento

¿Alguna vez has estado en el borde de la cima de una montaña o a lo largo de un sendero empinado y tuviste la sensación de que algo te sostenía? La Biblia dice que Dios nunca nos dejará ni nos abandonará (Deuteronomio 31:8). En otras palabras, *Él* no nos va a dejar ir. Cuando pones tu mano en la Suya, *Él* está allí para siempre; puedes contar con ello.

Qué buen ejemplo nos brinda esto a nosotros como pareja en el matrimonio. Tu cónyuge necesita sentir que estás agarrado de él/ella, sin importar cuán dura sea la vida. Puedes cantarles la canción consistentemente o expresar que estás agarrado repitiendo estas frases a continuación.

- ✓ Gracias.
- ✓ Te ves hermosa/guapo.
- ✓ Eres increíble.
- ✓ Estoy aquí si me necesitas.
- ✓ ¿Qué puedo hacer por ti hoy?
- ✓ Eres especial en mi vida.
- ✓ ¿Puedo ayudarte con eso?
- ✓ Yo creo en ti.
- ✓ Mi vida es mejor contigo.

# ¡RECIÉN CASADOS OTRA VEZ!

A LOS SESENTA Y CINCO años de edad, fui de nuevo un recién casado. Ya lo había sido cuarenta y seis años antes. Mi actual esposa y yo hasta ahora tenemos en total 83 años de experiencia matrimonial acumulada y sabemos más sobre perder a nuestros cónyuges a causa del cáncer de páncreas de lo que quisiéramos recordar.

Ambos habíamos estado orando por nuestro futuro y, de alguna manera, Dios nos sorprendió cuando respondió esas oraciones con la presencia del otro. Ahora, teníamos que entender el matrimonio desde una nueva perspectiva.

Como mencioné, tenía 65 años, y mi esposa tenía 62 años. Casi que fui un asalta cuna. Me había unido a esta mujer vibrante y joven de espíritu, pero que estaba lidiando con artritis. Los desafíos físicos de este matrimonio teníamos que enfrentarlos juntos. Yo había trabajado como administrador escolar durante muchos años, y mi tanque emocional estaba casi vacío.

Ella trabajaba para una iglesia destacada en su localidad, donde su función era dirigir y gestionar las iniciativas y programas de ayuda y apoyo a la comunidad. Ella hacía todo con mucha emoción. Era escritora, oradora e intelectual. Yo, posteaba en las redes sociales. Además, me tomé un receso temporal en mis labores de enseñanza a mis grupos en la iglesia. Ella era una guerrera de oración y adoraba de rodillas. ¡Ella había superado mis expectativas!

Cada uno de nosotros teníamos nuestros propios hijos, nuestros padres y nuestras *finanzas* con lo cual lidiar. Había decisiones que tomar, como por ejemplo encontrar un lugar para vivir y decidir sobre muebles, platos y qué poner en la pared junto a la ventana que se viera bien. Teníamos conversaciones y decisiones cotidianas que tomar como qué había para cenar, quien tenía el control remoto de la televisión, cómo ajustar el termostato... Por supuesto, ella se veía bien; nada la hacía ver gorda, y su cabello siempre estaba perfecto.

Muchos son los cambios de vida que traen los sesenta y cinco años. Algunas bendiciones se ven, otras solo se experimentan a través de la fe. Algunos son recuerdos hermosos, pero otros son momentos dolorosos que preferiría no recordar.

Todos cambiamos a lo largo de la vida, pero en lo que se refiere al matrimonio, Dios ha ordenado que sea una unión consistente tal y como Él es. Entonces, en esta unión bendita, debemos ganarnos la confianza uno al otro cada día. Y encontrar continuamente esperanza en lo que cada uno llegará a ser como persona. Debemos amarnos con el corazón de Dios.

Esto. Es. Matrimonio.

Pero, por otro lado, también es aprender a comer ese plato, que no está cocinado como lo hacía mi mamá.

—Kim Lanier

## Alimento Para El Pensamiento

La sociedad a menudo se refiere al primer año de matrimonio como una "luna de miel" o un período de armonía seguido después del acto matrimonial. Típicamente, es un momento en que las parejas recién casadas concentran la mayor parte de su atención (si no toda), en el otro. Pero una vez que llega la carrera: los hijos, las hipotecas y todas las nimiedades de la vida, es fácil alejar nuestro enfoque de nuestro cónyuge.

¿Necesita tu matrimonio esa chispa de "recién casados" otra vez? ¿Has cambiado tu enfoque principal de amar a tu cónyuge para atender otras prioridades y necesidades? ¿Está desvaneciéndose la armonía en tu relación?

Si es así, considera algunas de estas ideas para redirigir esa atención nuevamente del uno hacia el otro.

- Saca tu acta matrimonial (¡si puedes encontrarla!) y recuerda el día que la obtuviste.
- Recuerda los eventos de tu día de boda. ¿Cuál fue tu encuentro más memorable?
- Prueba ponerte tu vestido de novia/ o traje si todavía están por ahí. Si no, saca algunas fotos de tu boda y recuerda.
- Recrea tu primera cita.
- Llama a alguien que participó en tu boda y agradécele por su apoyo a lo largo de los años.
- Cada uno haga una lista de los cinco consejos matrimoniales más esenciales que darían a una pareja hoy en día.
- Considera cuánto gastaste en tu luna de miel. ¿Está tu presupuesto mejor hoy? Si es así, da gracias al Señor.

# PERFECCIÓN Y CÓMO ALCANZARLA

*Porque con un solo sacrificio ha perfeccionado para siempre
a los que han sido santificados.*
Hebreos 10:14 NVI

¿ALGUNA VEZ has visto algo creado por el hombre que sea perfecto? Si pusieras "perfecto" sobre un plato y lo colocaras en centro de la mesa de una gran reunión, cada persona encontraría algo que cambiar. Nunca reconoceríamos la perfección, incluso si nos mirara directamente a la cara. Podríamos matarla con críticas, cinismo o incluso crucifixión.

Así que comencemos por estar de acuerdo en que la perfección está en el ojo del observador. Un hermoso panorama montañoso puede ser el escenario perfecto para ti, pero otra persona anhelaría el océano. O puedes creer que las montañas son el lugar ideal para ti hasta que vives allí por un tiempo.

Siempre puedo reconocer cuando otras personas están en la búsqueda desesperada de la perfección, o que andan de una cosa para la otra para hacerse felices ellos mismos. Y medito en silencio: Humm, porque ahora no soy así. Estar cerca de mi familia hace que en cualquier lugar me sienta como en casa, y se necesitaría una excavadora para sacarme de allí y ponerme en otro lugar.

Sin embargo, en un momento de mi vida, mi búsqueda de la perfección fue un hábito destructivo. Era una búsqueda de la perfección en mi interior, dejándome llena de ansiedad, depresión y dudas sobre mí misma.

Las mujeres, en general, son complacientes y cuidadoras. En nuestros esfuerzos de hacer felices a los demás, nos dedicamos a ofrecer perfección a todos. Las madres son las peores en la búsqueda de la perfección. La mantenemos como una constante en nuestros pensamientos y acciones porque lo hacemos por nuestra familia.

Comparamos nuestros esfuerzos con los de otras madres que se destacan por hacer los disfraces de Halloween a mano, golosinas para la escuela, y proyectos de ciencias. Las madres nos esforzamos por inscribir a nuestros hijos en todas las actividades dentro de un radio de 60 millas: lecciones de música, de karate, de equitación, etc. Nuestro objetivo es proporcionarles todo lo que necesitan para que la gente nos vea como madres excelentes. Luego viene la culpa, cuando ocurre algo inevitable, porque no podemos controlarlo todo.

*Las madres son las peores en la búsqueda de la perfección.*

Y este esfuerzo por la perfección no se detiene en el hogar. También es parte del trabajo fuera de casa.

¡No podemos escapar!

Yo tuve que trabajar fuera de casa por muchas razones que en este momento no valen la pena mencionar. Así que me comparaba con cada madre que pasaba más tiempo con sus hijos. Cualquier noche que mi hijo se durmiera sin que yo lo arropara, me destrozaba el corazón, y la culpa se apoderaba de mí.oficial de policía, ambos trabajos eran exigentes, con mucho compromiso del tiempo. La culpa me consumía cuando estaba en el trabajo porque no estaba en casa. En casa, me preocupaba por el trabajo y me sentía culpable por decepcionar a mis compañeros de trabajo.

Mi culpa y esfuerzo por la perfección eran un desastre en mi mente. Alguien (que anda como un león rugiente) me convenció de que Jesús estaría decepcionado de mí. Y yo quería hacer todo bien para complacerlo.

Afortunadamente, asisti a un retiro espiritual en un hermoso lugar en las afueras de Floydada, Texas. Fue un milagro que me llevo allí, lejos de mi familia. El primer día, me preocupaba cómo la familia y el trabajo se las arreglarían sin mí. Pero, al final de esos cuatro días, no quería regresar a casa. Quería quedarme en la presencia de Dios y disfrutar más de su amor. Y todo el tiempo que pasé con Jesús, ni una sola vez escuché: "Estoy decepcionado de ti". Todo lo que escuché fue cuánto Él me amaba.

Jesús también me develó algo que nunca olvidaré, y que es para todos. Me dejó claro que no había nada que pudiera hacer para que Él me amara más. Todo lo que quería de mí era mi amor. Y no importaba lo que hiciera. Lo único importante para Jesús era que lo hiciera "PARA ÉL".

Mostrar el amor de Jesús significa trabajar para Él en todo lo que hago. Puede sonar diffcil, pero será la realización más liberadora. Recibir el amor de Jesús es una decisión. Darse cuenta de que eres perdonado por la eternidad, esto elimina la carga de tratar de ser perfecto. Porque no puedes serlo, y lo mejor de todo es, que no tienes que serlo.

La perfección nunca vendrá de mí. Siempre vendrá de Él. Puede que nunca vea cómo Su perfección se manifestará, pero la persona para la cual está destinada siempre lo verá si así lo elige.

—Alice Gilroy

# Alimento Para El Pensamiento

Cuando buscamos la perfección en y de nosotros mismos, nos convertimos en "hacedores" humanos en lugar de "seres" humanos para encontrar valor. Ese es un ciclo vicioso que nunca termina. Nunca podemos hacer lo suficiente para encontrar el verdadero valor. Considera estas preguntas, y si la respuesta es "sí" a alguna de ellas, es posible que estés atrapado en una trampa de perfección.

Lee Hebreos 10:14-18 y permite que Dios ministre Su liberación de la perfección a tu alma.

- ¿Alguna vez sientes que no eres lo suficientemente bueno o que estás fallando a las personas que te importan? ¿De dónde crees que provienen esos sentimientos? ¿Te resulta diffcil encontrar paz en tu mente?
- ¿Estás ansioso y preocupado por todos o todo a tu alrededor? ¿Sientes que tienes que resolverlo?
- ¿Puedes relajarte cada noche, aunque la lista de "tareas pendientes" no se haya completado?
- ¿Estás demasiado ocupado para pasar tiempo a solas con Jesús todos los días?

*Gracias, Jesús, por tu vida por nosotros. Gracias por hacer el sacrificio supremo para que pudiéramos ser hechos santos e irreprochables a los ojos de nuestro Padre Celestial. Ayúdame Espíritu Santo a recordar que cuando me preocupo por no ser lo suficientemente bueno, estoy olvidando el sacrificio que ya hiciste por mí. Ayúdame a encontrar paz y descanso en tus brazos. Ayúdame a recordar que no hay nada que pueda hacer para que me ames más. Muéstrame que no tengo nada que demostrarte.*

*Recuérdame que no solo es imposible trabajar lo suficientemente duro o durante el tiempo suficiente para "ser mejor," sino que también es totalmente innecesario intentarlo.*

*Tu Palabra dice que un solo sacrificio me ha hecho perfecto y que no recordarás más nuestros pecados. Gracias por Tu misericordia y amor.*
*Amén.*

# PERMISO PARA QUE ME AMES (Y ME HIERAS)

PARTE DE estar casado es darle a otra persona el poder de herirte y luego confiar en esa persona para tu *seguridad*.

En la escuela, aprendimos sobre la jerarquía de necesidades de Maslow. En la base de esas necesidades están las cosas que literalmente nos mantienen respirando, y luego, justo encima de esa base, está la siguiente necesidad: la necesidad de seguridad. La explicación simplificada es que nada más es posible; amor, estima, paz, sin sentir seguridad. Es como descubrir que estas desnudo e intentar esconderte de Dios para que no sepa.

Resulta que la persona en la que más deberíamos confiar para nuestra seguridad es la misma a la que nos volvemos más vulnerables. En otras palabras, quien tiene la capacidad de cuidarnos también tiene el poder de hacernos daño, ya que, al confiar en esta persona, nos volvemos más abiertos y expuestos emocionalmente ante ellos. Darle a alguien permiso para amarnos parece requerir también darle la capacidad de herirnos. Esta cosa se llama "amor".

*Amar de verdad ... es derribar todas las murallas.*

Después de pensarlo un poco, me di cuenta de cuán espiritual es realmente este concepto de herida y seguridad. Después de todo, ¿quién me ama más que Dios? ¿Quién me mantiene más seguro que *Dios*?

¿A quién hiero más que a Dios? Y no solo soy *yo*.

Algunos dicen que el amor y el respeto son las claves para un matrimonio vibrante. Pero ¿qué pasa si una pareja tiene amor y respeto mutuo, pero aún lucha con la confianza y la seguridad? *Amar de verdad* con el amor más puro, un amor ágape, *es derribar todas las murallas*, rellenar el foso (alrededor de nuestro castillo o fortaleza que usamos como una medida de defensa) y abrir de par en par las ventanas y *puertas*.

Esto demuestra confiar en que la acción del amor y el respeto es una seguridad que estará vigilando contra todo lo que vengan. La cantidad de vulnerabilidad que vive en el "castillo o casa que eres tú" se vuelve evidente, al igual que tu capacidad para darle el poder, las llaves de cada puerta, a una sola persona, que a su vez te da las llaves de su castillo o casa también.

Se aman y se tienen en alta estima, pero ¿te sientes seguro con él/ella? ¿Sientes la seguridad en un matrimonio que te permite aceptar la paz que Dios quiere para ti?

— Kim Lanier

# Alimento Para El Pensamiento

El matrimonio es un compromiso de por vida. Pero a menudo lo tratamos como una condena, en una prisión. ¿Cómo? No nos volvemos completamente vulnerables ante nuestro cónyuge. Ignoramos nuestras necesidades fundamentales de seguridad y protección porque tememos que no podrán cumplir con esa necesidad o que no lo harán de la manera que esperamos.

Al igual que en la jerarquía de necesidades de Maslow, no podemos recibir otros elementos esenciales en nuestro matrimonio si falta la base fundamental de confianza y seguridad. Una relación no puede sobrevivir en ausencia de confianza. La duda y el miedo eclipsarán la confianza y la dependencia, dos ingredientes críticos en un matrimonio exitoso.

La Biblia dice que el Espíritu Santo escudriña todas las cosas en nuestros corazones. Pídele al Señor que revele cualquier área donde te falte confianza o fe en tu pareja. Exprésale a tu cónyuge tus sentimientos con amor y busca su ayuda para resolver el problema (es decir, dale permiso). Invierte al 100% en buscar recuperar y reconstruir la esperanza que una vez tuviste.

# ORACIÓN, PACIENCIA Y ALABANZA

LA RECETA para el verdadero éxito en nuestra fe cristiana incluye tres ingredientes sencillos pero poderosos: oración, paciencia y alabanza. Exploremos cada uno.

## ORACIÓN

1 Tesalonicenses 5:17 nos dice "oren sin cesar". Y en el Getsemaní, Jesús oró: "Padre mío, si es posible, pasa de mí esta copa; pero no se haga mi voluntad, sino la tuya". Y una segunda vez, Jesús oró: "Padre mío, si no puede pasar esta copa sin que yo la beba, hágase tu voluntad".

Ha habido muchas cosas en nuestro matrimonio que estaban fuera de nuestro control. Como seres humanos, somos incapaces de resolver algunas situaciones, pero siempre podemos orar. Con mis tres hijos y mi esposa, enfrenté momentos en los que sus vidas estaban fuera de mi control y fuera de las manos de los médicos. Solo podía recurrir a Aquel que tenía el control, Aquel que conocía el plan maestro: Dios.

Entonces, comencé a orar por salud, sanidad y un milagro. Mientras oraba, el Señor me habló y me preguntó: "¿De quién es este hijo? ¿Quién te lo dio? ¿Crees que lo abandonaré?"

Así como Ana entregó a Samuel al Señor, yo también había dedicado mis hijos al Señor, y era momento de dejarlos ir, porque son regalos, el Señor nos los ha prestado.

Fue entonces cuando me di cuenta de que debía orar la misma oración que Jesús oró esa noche cuando estaba afligido en el Getsemaní: "Hágase tu voluntad". Desde ese momento, mi oración no era por mis hijos ni por mi esposa, sino por mí. ¡Era por la fe para confiar en el plan del Señor, por la fortaleza para aceptar su voluntad y por la paz que sobrepasa todo entendimiento, sabiendo que "se hará Su *voluntad*"!

## PACIENCIA

El salmista escribió en el capítulo 37, versículo 7: "Guarda silencio ante el Señor, y espera en Él con paciencia". En tiempos de prueba o dificultades, tengo que esperar, ser paciente, el tiempo que sea *necesario*.

Cuando los hermanos de José lo arrojaron al pozo, él oró y luego esperó pacientemente para ser vendido como esclavo. Continuó esperando después de ser encarcelado durante muchos años. Finalmente, José no solo fue liberado, sino que fue puesto en una posición para salvar a su familia.

Todas las bendiciones llegan en el tiempo del Señor, y así como Él le reveló a José que debía guardar silencio y esperar pacientemente, nosotros también debemos hacerlo. Sé paciente con tu cónyuge, con tus hijos y contigo mismo. No sé lo que el futuro depara, pero sé que el Señor tiene el futuro en sus manos, y Él pacientemente espera que lleguemos allí.

## ALABANZA

Efesios 5:20 nos dice que "dando siempre gracias por todo al Dios y Padre, en el nombre de nuestro Señor *Jesucristo*".

José, Daniel y sus amigos alabaron al Señor en todo lo que hicieron. Aunque eso significara ser lanzados a la cárcel, a un horno ardiente o a un foso de leones hambrientos, sus acciones plantaron una semilla de alabanza en los corazones y mentes de quienes los observaban.

Una noche, me senté en la UCI, orando y alabando al Señor por lo que Él había hecho. Años después, una enfermera que estaba de turno en ese momento le contó a uno de mis familiares lo que recordaba de una situación en particular:

> Ella había venido a decirme que debía irme porque no estaba permitido dormir allí. Al acercarse, notó mi biblia abierta, vio mis labios moviéndose, las lágrimas corriendo por mis mejillas y se dio cuenta de que estaba orando por mi hijo, dando gracias por el éxito de su cirugía.

Esa noche se plantaron semillas. Alaba al Señor con tus pensamientos, palabras y acciones, sabiendo que estás plantando semillas de alabanza y salvación. Semillas que serán regadas, cultivadas y cosechadas por alguien más. Pero la cosecha solo llegará si se siembran las semillas.

Habla con Dios como si estuviera sentado a tu lado, porque ¡Él lo está! Guarda silencio y espera su respuesta porque Él está escuchando. Y dale gracias y alaba en todo lo que hagas, y Él te concederá los deseos de tu corazón.

—Bobby Manthei

# Alimento Para El Pensamiento

Un principio del Reino de Dios involucra la siembra de semillas de fe. Cuando un agricultor no tiene cultivos, sale y planta semillas. Nada sucederá sin ese proceso. De la misma manera, nada sucederá en nuestras vidas si no sembramos algunas semillas.

Todo ser viviente en la tierra comenzó como una semilla. Tu relación (que está VIVA) comenzó con una *semilla*.

En el espacio a continuación, haz una lista de lo que necesitas más en tu vida (es decir, el fruto). Junto a ellos, escribe las semillas que necesitas plantar para que produzcan ese fruto. Finalmente, usa los tres ingredientes para hacer crecer tu fe y cosechar una abundancia, tanto espiritual como ffsicamente.

EL FRUTO                                    LA SEMILLA

Ej. *Dinero*                     Dar a los demás (Lee Lucas *6:38)*

*Sabiduría*                       Lectura diaria de la *Biblia*

_____

_____

_____

_____

_____

_____

# EL ROMPECABEZAS

¿ERES UNA PERSONA que disfruta armando rompecabezas? Yo (Scott) no lo soy porque no tengo la paciencia para ello. Las piezas no encajan, y me frustro al intentar una tras otra para hacerlas coincidir.

Sin embargo, mi esposa, Lori, ama los rompecabezas. En 2004, fuimos de vacaciones durante la primavera con nuestros amigos Sherman y Tammy Aten y sus hijos a Ruidoso, Nuevo México. Lori y Tammy armaron un hermoso rompecabezas que les tomó horas durante un par de días, pero finalmente lo lograron.

La vida es muy parecida a un rompecabezas. No puedes ver la imagen completa hasta que todas las piezas están juntas. A veces, las cosas no parecen encajar o tener sentido. Puede ser frustrante, y tal vez sientas ganas de rendirte. El 8 de febrero de 2007, Dios me dio una pieza de un rompecabezas. Durante mi tiempo devocional matutino, me dio este versículo:

---

*Fiel es Dios, quien los ha llamado a tener comunión con su Hijo Jesucristo, nuestro Señor.*
*1 Corintios 1:9 NVI*

---

Dios me inquietó y me dijo que Él era fiel, y lo anoté en mi diario. Luego, me reforzó esa verdad durante todo un año. No entendí lo que estaba sucediendo hasta el 2 de marzo de 2008, cuando me encontraba en la escena de un accidente de nuestras tres hijas cuando iban camino a iglesia. Nuestra hija mayor, Jennifer, había sido trasladada en helicóptero al hospital. Y nuestra hija menor, Brianna, fue llevada en *ambulancia. Ambas sufrieron heridas graves, pero iban a estar "bien". Sin embargo, nuestra hija del medio,* Alyssa, falleció en el accidente.

Cuando nos dieron la noticia de que Alyssa había partido con el Señor, fue como si me hubiese salido de mi cuerpo, observando todo. Estaba entumecido; el tiempo se había detenido. En ese momento, como en una valla publicitaria iluminada, apareció en mi mente el versículo 1 Corintios 1:9. El Señor me dijo: "Conffa en mí. Yo soy fiel". Y de inmediato supe que Él me había preparado durante todo un año para ese preciso *momento.*

De repente, como las piezas de un rompecabezas encajando, la imagen se volvió clara. El Señor me tomó en ese momento, haciéndome mirar a la izquierda; lo hice, y fue como ver el pasado. Me aclaró por qué quiso que tuviera tiempo a solas con Alyssa. Y por qué me había instruido a escribirle una carta de cinco páginas expresando mi amor y orgullo por ella unos días atrás. Él sabía que necesitaba decirle todo para no torturarme después, deseando haberle dicho algo. Dios me mostró que Él es fiel en el pasado.

*Dios se ocupó de cada detalle.*

Luego, me hizo mirar el presente. Dios atendió cada detalle. El hombre que nos dio la noticia sobre Alyssa era un buen amigo y hermano en Cristo; su esposa era la enfermera que atendería a mi hija Brianna en el hospital. Muchos de los primeros en responder para atender la situación en el accidente eran amigos cercanos y miembros de nuestra iglesia. Nuestros mejores amigos estaban allí con nosotros. Una enfermera, que había pasado por un evento similar cuando era niña, oró con Jennifer cuando bajó *del* helicóptero en el hospital. Dios puso en el corazón de un hombre el deseo de pagar el funeral. *Dios se ocupó de cada detalle* y me mostró que Él es fiel en el presente.

Encontramos el diario de Alyssa después del accidente, donde ella vertió su corazón al Señor, expresando su amor por Él y su disposición a ser utilizada por Él. Quería llevar a las personas a Cristo y ayudar a traer unidad y transformación a nuestra comunidad. Durante su velorio hubo un flujo continuo de cientos de personas durante seis horas, donde pudimos compartir de Cristo con ellas de manera personal. El sueño de Alyssa era llenar el nuevo santuario de la iglesia, y su funeral estuvo repleto de amigos y seres *queridos.*

Aproximadamente un mes después del accidente, me pidieron que compartiera un devocional en la reunión de diáconos de nuestra iglesia. Oré al Señor durante una hora, preguntándole qué quería que compartiera. Me dio siete cosas que anoté. Pero las dos últimas eran "piezas de un rompecabezas... háblales de cómo encajan... el rompecabezas de Lori y Tammy" y "muéstrales el rompecabezas". Inmediatamente supe que debía sacar el rompecabezas que Lori y Tammy habían ensamblado en ese viaje en el 2004. Sin embargo, ni siquiera sabía si lo teníamos. No recordaba sobre el tema del rompecabezas, solo que estaba en una caja azul.

En la parte superior de un armario frente a la habitación de Alyssa estaba la caja azul. Caí de rodillas y lloré *como un bebé cuando vi cuál era el rompecabezas. El rompecabezas era Jesús de pie en el Cielo con alguien* que acababa de morir. Él tenía sus brazos envueltos a su alrededor, y el titulo del rompecabezas era "Finalmente en Casa". Dios me dijo que les mostrara ese rompecabezas y les dijera que Él es un Dios fiel en el pasado, presente y futuro.

Las oraciones de mi hija fueron escuchadas y respondidas por Dios. Desde su muerte, muchas personas han llegado a Cristo, y otros creyentes se han fortalecido a través de su historia, testimonio y escritos en su diario. El Señor preparó a nuestra familia para viajar a varios países y compartir acerca de un Dios fiel que desea tener una relación personal con nosotros.

Todo esto es parte de un rompecabezas gigante al cual Él sigue añadiendo piezas. Y cada pieza aporta una claridad cada vez mayor a la imagen. ¿Te parece que tu vida es un rompecabezas que no puedes resolver? Dios está usando todo en tu vida con un propósito como parte de Su plan mayor. Te aseguro que Él es fiel y quiere que experimentes Su fidelidad. En la escena del accidente, le dije a Dios: "Confiaré en ti ya que eres fiel". ¡Me alegra tanto haberlo hecho; el rompecabezas se volvió muy claro!

—Scott & Lori Dix

# Alimento Para El Pensamiento

1. ¿A veces sientes que conoces de Dios, pero no has "experimentado a Dios"? Pídele que se revele a ti. Referencia: Juan 14:21.
2. ¿Crees que Dios tiene un propósito y un plan para ti, tu matrimonio y tu familia? Dedica tiempo a mirar hacia atrás en el pasado y en el presente y pídele a Dios que aclare lo que está haciendo en tu vida. Referencias: Efesios 2:10, Filipenses 1:6, Hechos 9:15, Jeremías 1:5, Job 1 y 2 y 38-42.
3. Describe tu nivel de confianza en Dios. ¿Está basado en tus circunstancias? Las acciones siguen a las creencias, así que, ¿qué dicen tus acciones? Referencia: Proverbios 3:5-6.

*Padre, gracias por ser un Dios fiel y tener un plan y propósito para mi vida. Por favor, ayúdame a buscarte siempre y hacer mi objetivo el complacerte; quiero experimentarte. Haz tu voluntad en mí y en mi matrimonio y familia. En el nombre de Jesús. Amén.*

# REFLUJO

> *...porque la luz es lo que hace que todo sea visible. Por eso se dice: «Despiértate, tú que duermes, levántate de entre los muertos, y te alumbrará Cristo». Así que tengan cuidado de su manera de vivir. No vivan como necios, sino como sabios, aprovechando al máximo cada momento oportuno, porque los días son malos.*
> *Efesios 5:14-16 NVI*

RESPIRA PROFUNDO. Toma aire. Exhala. Intenta hacer burbujas en un vaso con agua a través de un pitillo o pajilla especial. Cuenta lentamente hasta diez con una voz suave (es decir, al estilo de Marilyn Monroe). Eso es lo que me dijo mi médico, un otorrinolaringólogo del Centro Médico UT en Dallas. (¡Perdona, esa es la palabra! ¡Usa tus vocales!) Sí, lo sé. Suena como Eliseo diciendo: "Ve y sumérgete en el Jordán siete veces, Naamán. Y estarás bien".

El ácido reflujo silencioso estaba dañando mis cuerdas vocales por la noche mientras dormía. ¡Y ni siquiera *lo sabía! La palabra clave aquí es "silencioso". No tenía los síntomas físicos habituales. Ni acidez estomacal,* ni me despertaba ahogándome o tosiendo. Después de mi endoscopia, realizada en Baylor en Ft. Worth, las imágenes de mis cuerdas vocales eran moradas y tan inflamadas que parecían cuatro cuerdas vocales. Las personas normales solo tienen dos y de color rosa claro.

¡Guau! Mi cuerpo estaba tratando de dejarme fuera de combate al quemar mis cuerdas vocales, y ni siquiera lo sabía. Dado que mi trabajo es usar mi voz en el canto y al dar conferencias—esto no era nada *bueno*.

Durante un proceso de nueve meses lidiando con esta situación y sanando, tuve que reentrenarme en cómo hablar y cantar sin tensión. Debido a que había estado sobre-compensando durante tanto tiempo, los músculos de mi laringe habían aprendido unos hábitos terribles. Si no fuese cantante de profesión, probablemente no hubiese sabido lo que estaba sucediendo y se hubiese producido en mis cuerdas vocales un daño severo. Yo podía hablar bien, pero cuando intentaba cantar, ahí sabía que algo no estaba *bien*.

Ten en cuenta que hay algunos ácidos "incógnitos" haciendo una fiesta mientras dormimos. Estamos completamente desconectados y sin idea del daño que se está causando debido a las malas decisiones que hemos tomado.

Hay una lección sobre el matrimonio en esto también. Cuando nos volvemos ajenos al daño sutil que erosiona nuestra relación, puede ser perjudicada sin que nos demos cuenta.a tu conyugue semanalmente. Tengan un tiempo específico en el que puedan conectarse. Respiren profundo y exhalen a través de los desafíos diarios—¡juntos! Manténganse en contacto con frecuencia y comuníquense.

Lo más importante, oren, oren, oren. De lo contrario, es posible que tengan que pasar más de nueve meses reparando el cordón de tres dobleces que es su conexión. Y no puedo decirte cuánto costará eso. Pero podría llegar a tener un alto costo.

—Sherman Aten

# Alimento Para El Pensamiento

Al igual que el daño oculto que el ácido del reflujo silencioso puede hacer a tus cuerdas vocales, hay *factores no reconocidos que pueden dañar tu matrimonio. Revisa la lista a continuación y planifica corregir* los comportamientos que tienen el potencial de lastimar tu relación.

- Tus amigos son más importantes para ti que tu cónyuge.
- No asisten juntos con regularidad a reuniones cristianas para entrenamiento y crecimiento espiritual.
- No comparten intereses comunes.
- Das por sentado que "conoces" los gustos y disgustos de tu cónyuge.
- Has dejado de buscar a tu cónyuge como lo hacías cuando estaban de novios.
- Has descuidado tu apariencia personal.
- Ves tu matrimonio como un contrato en lugar de una alianza.

# ELLA ES LA INDICADA

NO SÉ si crees que tu cónyuge es "la persona indicada". Pero espero que sí. Vivir con esa creencia te ayudará a explicar y aceptar muchas cosas. También ayudará a eliminar la palabra "divorcio" de tu *vocabulario*.

Sin embargo, si ya has estado allí y lo has hecho, no te preocupes: Dios tiene un camino. Esto se aplica a tu relación matrimonial hoy. Donde te encuentras ahora en tu matrimonio es la verdadera preocupación. Y lo que crees sobre la voluntad soberana de Dios, y tu libre albedrío para tomar decisiones, influirá en tu *perspectiva*.

Me encanta lo que dijo Charles Spurgeon, un destacado predicador inglés del siglo XIX, sobre reconciliar la aparente tensión en la Biblia entre la soberanía de Dios y la libre voluntad del hombre. Dijo:

> **Nunca tengo que reconciliar amigos. La Soberanía Divina y la responsabilidad humana nunca han tenido un desacuerdo entre sí. No necesito reconciliar lo que Dios ha unido.**

Es diffcil incluso describir las numerosas formas en que la mujer que Dios creó para mí, Tammy Payne, y yo encajamos. ¿Sabes cómo Eva fue creada especialmente para Adán? Bueno, a eso me refiero. Eva fue literalmente tomada de una costilla de su costado y creada específicamente para Adán.

¿Por qué esto no puede ser así para nosotros? Sé que todos pensamos que tuvimos algo que ver con la elección de la pareja. Pero no hay forma de que yo, fuera lo suficientemente inteligente, como para elegir a Tammy entre todas las demás mujeres del universo y ganar su corazón—por mí mismo. Tuve que haber recibido ayuda.

En Efesios 5, Pablo dice que el matrimonio es un misterio. Hmm, me pregunto. ¿Es Dios soberano, incluso sobre mi elección de mi pareja? El matrimonio es la transacción más sagrada y destinada a ser permanente que tendré con otro ser humano mientras esté en este planeta. ¿Y se nos deja completamente solos en *esto*?

Tammy y yo comenzamos nuestra relación como mejores amigos. ¡Y recomiendo mucho ese comienzo a todas las parejas! Tuve que adoptar un poquito la mentalidad de "todo es justo en el amor y la guerra" para conquistarla. Pero lo hice pasando una nota en un papel, tal como lo hice en cuarto grado con mi primer amor. Fue en la escuela primaria, yo estaba tan obsesionado, pero asustado, para hablar con esa niña. Así que hice lo que haría cualquier niño de nueve años; le escribí una nota y le pedí a mis amigos que se la pasaran. La nota decía: "¿Quieres salir conmigo? Sí o No". ¡Uff! Ella marcó "Sí" y luego me envió el mensaje de vuelta. Por supuesto, terminamos al día siguiente. Pero durante ese día, ¡éxito!

No fue exactamente así la nota que le escribí y entregué a Tammy a los 21 años, cuando estaba sentando varias filas detrás de ella en el autobús del Coro Internacional de la Universidad WBU. En ese momento, ella estaba en una relación con un amigo. En realidad, con mi mejor amigo. Éramos todos mejores amigos. No habíamos descubierto que: dos son compañía, y tres son multitud.

*Su respuesta fue: "Tienes el poder de cambiar eso".*

TOUCHING BASE "CONECTADOS"

Así que, al estilo de cuarto grado, escribí una nota diciendo que siempre pensé y sentí que, si dos de los tres de nosotros iban a estar juntos, seríamos ella y yo. Y eso fue todo lo que ella necesitaba saber.

Su respuesta fue: "Tienes el poder de cambiar eso".

Hecho. Éxito una vez más. ¡Pero gracias a Dios, este duró más de un *día*!

La belleza del matrimonio es que hay otra alma que está hecha para conocerte en todos los sentidos. Conocerte, y CONOCERTE. Una que está perfectamente equipada para manejar tus virtudes y tus defectos—¡la genial idea de Dios!

No, las cosas no siempre son tan bonitas como pueden sonar, pero cualquier cosa que valga la pena requiere esfuerzo. Y no te dejes engañar. Solo porque ambos asistan a la iglesia, tengan una religión o practiquen el cristianismo, no garantiza que su matrimonio será bueno. Ambos son responsables de eso.

Entonces, ¿te ayudará saber que esta persona es la que Dios hizo para ti? A mi particularmente me ayuda a vivir en el misterio, incluso si suena como "cuento de hadas," que la mujer con la que estoy casado es la que Dios planeó para que fuera mi esposa. Elijo creer eso. ¡Y sé que ELLA ES LA INDICADA!

---

*Él nos hizo conocer el misterio (secreto) de su voluntad conforme al buen propósito que de antemano estableció en Cristo, ... En Cristo también fuimos hechos herederos, pues fuimos predestinados según el plan de aquel que hace todas las cosas conforme al designio de su voluntad.*
*Efesios 1:9,11 NVI*

---

—SHERMAN ATEN

# Alimento Para El Pensamiento

En Génesis, la Biblia enseña que Adán y Eva eran el complemento adecuado el uno para el otro. En otras palabras, lo que a Adán le faltaba, lo proporcionaba Eva, y viceversa.

Saber que Dios diseñó a tu cónyuge para equilibrarte aporta confianza y seguridad en tu relación. No tienen que ser gemelos, estando de acuerdo en todo y gustando de las mismas cosas. En cambio, tu vida está equilibrada por el otro, manteniéndote en una posición estable.

Escribe un par de rasgos distintivos de tu personalidad y la de tu cónyuge en las líneas a continuación.

¿Cómo han demostrado estas diferencias ser lo que necesitabas para convertirte en una mejor persona o necesitaban para convertirse en una pareja exitosa?

Él es: _____

Ella es: _____

Pero Juntos, somos:

_____

Él es: _____

Ella es: _____

Pero Juntos, somos:

_____

Él es: _____

Ella es: _____

Pero Juntos, somos:

_____

TOUCHING BASE "CONECTADOS"

Él es: _____

Ella es: _____

Pero Juntos, somos:

_____

# ESTAR PRESENTE

*Por el gran amor del Señor no hemos sido consumidos y su compasión jamás se agota. Cada mañana se renuevan sus bondades; ¡muy grande es su fidelidad!*
*Lamentaciones 3:22-23 NVI*

ESTABA TAN emocionada porque iba a pasar el día con mi nieta Maren. Mientras conducía hacia su casa, vi un Jeep negro nuevo en la cima de la colina. Mi primer pensamiento fue esta pregunta: ¿Y cuándo compraron ese Jeep? Luego me di cuenta de que tal vez no era su Jeep, porque definitivamente no era la *entrada de su casa. Me había metido una entrada antes de la correcta. Entonces puse la reversa y comencé* a retroceder. ¡Pero no usé mis espejos retrovisores, ni miré la cámara de reversa!

Rápidamente, me di cuenta de que ya no estaba retrocediendo por la entrada principal. Esa entrada tenía una pequeña curva cuesta abajo y, desafortunadamente, no seguí esa curva. Como resultado, mi auto comenzó a deslizarse colina abajo, arrastrando en las llantas partes de un césped recién plantado y que se iba acumulando más a medida que avanzaba. El deslizamiento se detuvo abruptamente cuando el auto chocó con unas grandes rocas al pie de la colina. Estaba horrorizada. ¡Había destruido en segundos un hermoso jardín que era nada más y nada menos que del Alcalde Suplente!

Después de varios intentos inútiles, era evidente que no podría sacar mi vehículo de tracción delantera de ese césped destrozado,

> *Soy suficientemente inteligente como para saber que eso no es bueno.*

y menos con las llantas cubiertas por varios centimetros de tierra negra fértil. Había estado lloviendo intermitentemente durante tres días, y esa tierra negra estaba ahora "más resbaladiza que un moco". Perfecta para el césped, pero nada buena para ganar tracción.

Inmediatamente hice lo que siempre hago cuando me encuentro en una situación desesperada: Llamé a Bobby, mi esposo. Y él apareció rápidamente para ayudarme. Cuando llegó, escuché atentamente sus instrucciones, porque estaba desesperada por ayudarle a sacarme de este lío.

El primer intento para sacarme fue diffcil. Avanzamos unos centimetros antes de que las llantas traseras comenzaran a girar rápidamente sin avanzar. Soy suficientemente inteligente como para saber que eso no es bueno. Rápidamente cambié la caja de velocidades a "Pare", puse el freno de mano y esperé más instrucciones. Un amable vecino se detuvo para ayudar, y él y Bobby discutieron la situación.

Entonces, mi dulce esposo se me acercó por la ventana del pasajero para hablarme. Pero, en mi corazón, senti que no me estaba hablando en el mismo tono que usaba para hablar con el vecino. Así que le dije: "Está bien, el vecino puede conducir". Bobby se dio la vuelta y regresó a su camioneta mientras yo me dirigía a la casa de al lado.

El siguiente sonido que escuché fue la pesada cadena frenando su camioneta en seco, con las llantas traseras chillando en la entrada de asfalto. Corrí de regreso y vi a mi dulce Bobby saliendo de su camioneta y dirigiéndose hacia mi Explorer. Pude ver cuando Bobby se dio cuenta de que no había nadie en el asiento del conductor.

Al mismo tiempo, me vio. Miró el auto, luego me miró a mí. Ah, olvidé decirles que mi esposo lee los labios muy bien. Puede entender casi todo lo que dices si lo miras mientras hablas. Sin embargo, no me escuchó decirle que iba a la casa. Mi dulce esposo estaba dándolo todo para sacarme de mi apuro. Pero yo, no solo había puesto el auto en "Pare" y con el freno de mano activado, sino que ¡también me había bajado del vehículo y lo había abandonado por completo!

Afortunadamente, en ese momento, otro amable vecino con una gran camioneta 4x4 se detuvo y ofreció su ayuda. Sin mucho esfuerzo, sacó mi vehículo del resbaladizo césped y le agradecimos mucho. También me tocó disculparme con el Alcalde Suplente y su familia, y compensarles por todos los daños causados.

Lavamos mi auto al día siguiente, y nadie podría notar que había pasado algo. Pero, por supuesto, yo sabía lo que había pasado.

Mi esposo Bobby, una vez más, se había presentado amorosamente por y para mí. Como resultado, amé y aprecié a mi esposo aún más ese día que el anterior, aunque no pensara que eso fuera posible. Mi amor por él se volvió más dulce, y mi respeto más profundo, lo cual tampoco creía posible.

Dios, amorosamente también se presentó por mí otra vez. Literalmente, me sacó de otro lío donde estaba metida hasta el fondo. Sin embargo, yo hago lo mismo con Dios que con mi esposo: me distraigo. Luego, justifico y busco excusas por mis acciones, reaccionando de inmediato en lugar de buscar Su guía.

Después de cavar tan profundo y finalmente tocar fondo, llamo a Dios para pedirle ayuda. Cuando Dios aparece, Lo escucho atentamente por un tiempo. *Pero siempre desesperada por ayudarlo a sacarme de mi lío,* ¡Hasta que las cosas no salen tan perfectamente como prefiero!

Entonces cambio a "Pare" y activo el freno de mano. Incluso llego a abandonar física, mental y emocionalmente a mi Dios, mi Señor y Salvador.

Dios, perdóname. Lo siento mucho. Te amo. Te amo incluso más que *ayer.*

Siempre recuerda: Dios te ama. Él te perdona. Está esperando esa llamada de auxilio. Todo lo que tenemos que hacer es soltar el freno de mano y aparecer. Presentarnos con un corazón dispuesto a servir. Dios se encargará del resto.

—Margie Manthei

## Alimento Para El Pensamiento

La independencia es una cuestión compleja. Queremos ser pensadores individuales que elegimos nuestras creencias y tomamos decisiones sabias basadas en la experiencia. Pero en una relación, ser demasiado independiente puede convertirse en un problema.

Los estudios cientificos muestran que la independencia afecta tanto la comunicación (o la falta de ella) como la autoestima de tu pareja. A menudo, un cónyuge se siente rechazado cuando no aceptamos su cuidado o asistencia.

Es saludable depender de tu pareja e incluso volverse vulnerable cuando se necesita ayuda. Esto se conoce comúnmente como interdependencia, un proceso de colaboración y conexión mutua. A través de la interdependencia, tu matrimonio tiene un TÚ, un YO y un NOSOTROS. Esto es ser consciente de quiénes somos y de quiénes no somos.

Pasa tiempo con tu pareja, discutiendo maneras de apoyarse mutuamente a través de la interdependencia.

¿Cuáles son las situaciones en las que pueden trabajar en equipo para lograr el éxito en su matrimonio?

# SEIS PALABRAS

ME GUSTA el concepto de la historia o memoria de seis palabras. La idea es que la brevedad en las palabras es una virtud. Historias cortas que consisten en solo seis palabras, inspiradas por el famoso reto de Ernest Hemingway y su primera historia de seis palabras: "Vendo: calcetines de bebé, sin estrenar".

La Biblia nos habla sobre el matrimonio. Algunos de estos versículos pueden expresarse en seis palabras.

*Siempre humildes y amables, pacientes, tolerantes*
*Efesios 4:2-3 NVI*

*Grábame como un sello al corazón*
*Cantares 8:6 NVI*

*Ámense fraternalmente, respetándose*
*y honrándose mutuamente.*
*Romanos 12:10 NVI*

Voy a intentar dejar a continuación algunas historias cortas de seis palabras.

- ✓ "Sí, querida. Lo sé. Como sea".
- ✓ "¿Cuánto tiempo se queda tu madre?"
- ✓ "Te amo. ¿Qué hay para cenar?"

En el matrimonio, a veces, cuantas menos palabras se pronuncien, mejor. A veces, después de demasiadas palabras, incluso solo de seis, sigue el silencio.

Con más frecuencia de la que pensamos, la falta de palabras silencia un matrimonio. La falta de acción silencia las palabras. Sin embargo, hay algo que decir sobre la brevedad de las palabras; no se puede escuchar mientras se habla.

¿Qué ocurrió primero: las primeras oraciones o el primer matrimonio? Creo que, en su forma más pura, probablemente fueron las oraciones. Sin embargo, la comunicación entre los cónyuges y con Dios debería ser muy similar. Se supone que debemos tener un diálogo, no un monólogo. Escuchar es tan importante como hablar.

Intentar garantizar una respuesta a la medida, es mejor que usar la frase "No quise decirlo así". Practicar la comunicación con uno mismo puede ayudar a comunicarse con el otro.

De hecho, he escuchado de algunas parejas que orar juntos a Dios, es la mejor comunicación que han tenido entre ellos. Dios el consejero, sanador, asesor y perdonador. ¡No es una mala idea!

La próxima vez que te encuentres ensayando un discurso para tu cónyuge, tal vez, solo encuentra las seis palabras correctas. Ah, y se me ocurrió una historia más, de seis palabras:

---

*Dios nos amó tanto, que dio ...*
*Juan 3:16*

---

—Kim Lanier

TOUCHING BASE "CONECTADOS"

# Alimento Para El Pensamiento

¡Hagamos que este "alimento" devocional para esta semana sea algo divertido!

Usando los espacios en blanco a continuación, escribe tres frases o historias de seis palabras que expresen amor por tu conyugue. ¡Sé creativo, amable y diviértete!

____ ____ ____ ____ ____ ____

____ ____ ____ ____ ____ ____

____ ____ ____ ____ ____ ____

____ ____ ____ ____ ____ ____

____ ____ ____ ____ ____ ____

____ ____ ____ ____ ____ ____

# NOCHES SIN DORMIR

Algunos pensamientos acerca de la crianza segura de un hijo desde que nace hasta la *adultez:*

Recién nacido Olor dulce . . . tierno . . . *abrazable*
¿Volveré a dormir bien alguna *vez?*
Pañal sucio . . . se lo paso a Sherman . . . llanto . . . *ducha*
¡Ora y sopla sobre ellos vida y Palabra de *Dios!*

EN UN ABRIR Y CERRAR DE OJOS

Un niño pequeño corriendo, desafiándolo *todo.*
Abecedario y números, luego aprendizaje de lectura…entrenamiento para ir al *baño*
¡Ora y sopla sobre ellos vida y Palabra de *Dios!*

EN UN ABRIR Y CERRAR DE OJOS

Llevarlos a todas las prácticas *de:*
Béisbol, natación, danza, piano, baloncesto, fútbol, y así sucesivamente . . . *pijamadas*
¡Ora y sopla sobre ellos vida y Palabra de *Dios!*

EN UN ABRIR Y CERRAR DE OJOS

Ahora, ellos se van solos a todas las actividades de la secundaria
Enamoramientos . . . citas . . . bailes . . . graduación
¡Ora y sopla sobre ellos vida y Palabra de *Dios!*

EN UN ABRIR Y CERRAR DE OJOS

Universidad ... Preparar su nueva habitación ...
Conducir de regreso a casa, llorando por todo el camino ... Dejarlos decidir en cosas diffciles.
¡Ora y sopla sobre ellos vida y Palabra de *Dios*!

EN UN ABRIR Y CERRAR DE OJOS

Ser madre es uno de los trabajos más *gratificantes*.
Trae algunas de las mayores alegrías que jamás experimentarás.
También trae algunos de los dolores más profundos que *vivirás*.

Qué amor tan único es el amor de una madre. Un amor sacrificial como ningún otro.
Ama a lo "GRANDE" a tu madre hoy Y dile: "¡GRACIAS!"

Sea cual sea la etapa en la que te encuentras, la Biblia *dice*:

> **El maná es nuevo cada mañana**
> **Y viene en la medida exacta que**
> **necesitamos.**

La Gracia también es nueva cada mañana. Y la Biblia dice que nunca se acaba.

Eso es alentador, ¿verdad, madres? Dios nos apoya y respalda.
Recuerda *también:*
El mayor testimonio es tu Salvación en *Jesucristo*.
Pero el segundo más grande testimonio es el legado que dejas en esos hijos ... nietos ... y *bisnietos*.

*Ora.*
Sopla *vida.*
Modela la Palabra de *Dios.*

—Tammy Aten

TOUCHING BASE "CONECTADOS"

# Alimento Para El Pensamiento

Alguien dijo una vez: "Si no fuera por tu madre, ¡no estarías respirando ahora mismo!" Más allá de esta obvia razón, el valor incalculable de las madres a menudo se subestima. El Papa Francisco dijo: "Un mundo sin madres sería inhumano... carecería de ternura".

La maternidad viene con una descripción del cargo que nadie podría llenar, y además su pago es simbólico. Pero también es el rol más importante de la parentalidad en la vida de un hijo.

Escribe cinco (5) cualidades que consideras esenciales para demostrar como padre o madre en tu hogar. Reflexiona sobre el amor sacrificial de las dos madres que acudieron al Rey Salomón reclamando que el bebé era suyo. (Ver 1 Reyes 3:16-28).

1. _____
2. _____
3. _____
4. _____
5. _____

¿Quiénes son las madres más influyentes en tu vida? ¿Le has agradecido recientemente? Si no lo has hecho, llámales o envíales una nota de agradecimiento.

# DETENER LAS COMPARACIONES

MI ESPOSA es absolutamente hermosa, por dentro y por fuera. Pero nunca lo sabrías si le preguntaras a ella misma. En gran parte, esto se debe a un rasgo con el que muchas mujeres luchan: compararse con todo y con todos.

Esto genera una inseguridad enorme porque nunca sientes que estás a la altura. El resultado es una presión inmensa por ser suficiente, hacer suficiente y trabajar lo suficiente para lograr alcanzar las expectativas. Pero nunca es suficiente. Esa es la misma mentira que Satanás plantó en el Jardín del Edén: "No eres suficiente".

Es mucho mejor ser como Dios nos creó. Cuando me comparo con la persona que tengo al lado, nunca puedo llegar a ser quien Dios me diseñó para ser. El resultado de esto es una identidad basada en la actividad, la belleza, la capacidad o la perseverancia, cargando una presión constante por intentar ser algo que no somos.

---

*No nos atrevemos a igualarnos ni a compararnos con algunos que tanto se recomiendan a sí mismos. Al medirse con su propia medida y compararse unos con otros, no saben lo que hacen.*
*2 Corintios 10:12 NVI*

---

Las mujeres enfrentan depresión mucho más que los hombres, en parte porque comparan su belleza dada por Dios con imágenes artificiales de celebridades fabricadas con silicona y plástico, en lugar de apreciar la creatividad única que Dios puso en ellas. La comparación no solo las vuelve más duras consigo mismas, sino que también le dice a Dios que no hizo un buen trabajo. El mensaje se refuerza: "No soy suficiente".

Y si la constante comparación de popularidad, belleza o competencia no es suficiente, siempre hay un montón de otras cosas que añadir a la "ensalada" de la comparación:

- ✓ Las guerras de acumulación.
- ✓ Las guerras de actividades.
- ✓ Las guerras de madres.

¿Por qué crees que la famosa actriz Lori Loughlin creó perfiles deportivos falsos y pagó $500,000 para que sus dos hijas ingresaran a la Universidad del Sur de California (USC)? Según ella, solo hizo lo que cualquier otra madre hubiera hecho si tuviera los medios, para que sus hijas fueran aceptadas en una universidad prestigiosa. Comparamos a nuestras parejas, matrimonios, hogares, vacaciones...todo, sin fin.

¿Qué es lo peor que se puede hacer con alguien que lucha con comparaciones? Darle un teléfono con una buena cámara para publicar en redes sociales, le llevará a lugares muy oscuros, porque, en esencia, la comparación es una competencia por aprobación, aceptación e identidad, lo que a su vez genera una fachada, una falsa identidad arraigada en la inseguridad y el engaño.

Entonces, ¿cómo pueden los esposos ayudar a sus esposas cuando se comparan con *otros*?

1. Recuérdale constantemente lo increíble que ella es.
2. Recuérdale que está creciendo en el "yo" que Dios creó para ella.
3. No solo lo digas por cumplir, dilo con convicción.

Ella ha sido hecha de manera formidable y *maravillosa*.

—Dr. Joe Stewart

TOUCHING BASE "CONECTADOS"

# Alimento Para El Pensamiento

*No nos atrevemos a igualarnos ni a compararnos con algunos que tanto se recomiendan a sí mismos. Al medirse con su propia medida y compararse unos con otros, no saben lo que hacen.*
*2 Corintios 10:12 NVI*

Dedica un tiempo específico, ya sea durante una "noche de cita" (un momento especial y privado entre tú y tu pareja) o una "revisión semanal" (un espacio de comunicación regular y reflexiva, como una charla de pareja semanal), para hablar abiertamente sobre las áreas en las que sientes inseguridad. ¿Dónde sientes que no eres "suficiente"? Usa este tiempo también para utilizar las siguientes declaraciones.

- Soy suficiente porque las Escrituras dicen _____.

- La mentira de Satanás que subyace a mis sentimientos de inseguridad es _____.

- Dediquen un tiempo como pareja para resaltar las fortalezas del *otro*.

Dave y Ann Wilson utilizan la idea del equipaje para ilustrar las cargas que llevamos. Los maridos tienden a cargar una maleta a la vez. Las esposas a menudo cargan múltiples maletas. Esto lleva a sentimientos de inseguridad en diversas áreas (crianza de los hijos, tareas, quehaceres, intimidad, trabajo, etc.). Hablen sobre las cargas que están llevando. ¿Cómo pueden ayudarse mutuamente a aligerar estas cargas?

Luego, negocien algunos límites de sus hábitos en las redes sociales y uso del teléfono. Los límites son reglas personales para evitar el daño personal.

- ¿Necesitamos establecer algunos límites digitales para los *sabbats*?
- ¿Cuáles son los momentos o áreas que deberían ser sin *pantallas*?
- ¿Cómo debemos manejar las notificaciones durante las citas o las *vacaciones*?

# DIEZ MANERAS DE PERMANECER UNIDOS TODA LA VIDA

*Con sabiduría se construye la casa; con inteligencia se echan los cimientos. Con buen juicio se llenan sus cuartos de bellos y extraordinarios tesoros.*
Proverbios 24:3-4 NVI

LA SABIDURÍA y el conocimiento se adquieren mediante la repetición de buenos hábitos. Estos diez consejos pueden ayudarte a construir una vida de intimidad con tu cónyuge:

1. Sigue diciendo "Te amo". Después de todo, Dios nos recuerda esto en Jeremías 31:3: "Con amor eterno te he amado; por eso te he prolongado mi fidelidad".
2. Mantén tu sentido del humor. Aprende a reírte de ti mismo, pero nunca hagas bromas a costa de tu cónyuge. Proverbios 17:22 dice: "El corazón alegre es un buen remedio, pero el ánimo decaído seca los huesos"
3. Oren juntos regularmente como pareja. Más allá de bendecir los alimentos, dedicar tiempo juntos a buscar intimidad con el Señor construye una mayor intimidad entre esposo y esposa.

> *No se preocupen por nada; más bien,*
> *en toda ocasión, con oración y ruego,*
> *presenten sus peticiones a*
> *Dios y denle gracias. Y la paz de Dios,*
> *que sobrepasa todo entendimiento,*
> *cuidará sus corazones y sus pensamientos*
> *en Cristo Jesús.*
> *Filipenses 4:6-7*

4. Tómense de las manos y abrácense. El contacto físico comunica conexión a muchos niveles. Génesis 33:4 "Pero Esaú corrió a su encuentro y, echándole los brazos al cuello, lo abrazó y lo besó. Entonces los dos se pusieron a llorar"
5. Escúchense de verdad. Brinden contacto visual y atención total para escuchar lo que dice su pareja. Santiago 1:19 dice: "Mis queridos hermanos, tengan presente esto: Todos deben estar listos para escuchar, pero no apresurarse para hablar ni para enojarse"
6. Expresen gratitud y háganse cumplidos mutuamente. A veces somos más considerados y educados con compañeros de trabajo o desconocidos que con la persona más especial para nosotros. 1 Tesalonicenses 5:11 dice "Por eso, anímense y edifíquense unos a otros, tal como lo vienen haciendo"
7. Planifiquen una escapada de pareja. Puede ser de uno o dos días, o más tiempo, pero salir ocasionalmente sin los niños u otras distracciones ayuda a mantener el enfoque en su matrimonio y reavivar la chispa. "Ven, amado mío; vayamos a los campos, pasemos la noche en las aldeas". (Cantares 7:11 ¿Creen que Salomón y su esposa encontraron un Airbnb?)
8. Estudien la Biblia y adoren juntos. Compártanse lo que el Señor les está enseñando a través de Su Palabra. Hebreos 10:24-25 dice: "Preocupémonos los unos por los otros, a fin

de estimularnos al amor y a las buenas obras. No dejemos de congregarnos, como acostumbran a hacer algunos, sino animémonos unos a otros, y con mayor razón ahora que vemos que aquel día se acerca"

9. Recuerden el pasado y sueñen con el futuro. Saquen un álbum de fotos y hablen sobre las aventuras que han vivido juntos. Compartan sus sueños para el futuro.

*"Doy gracias a mi Dios cada vez
que me acuerdo de ustedes"
Filipenses 1:3*

10. Y como enseña Colosenses 3:14 "Por encima de todo, vístanse de amor, que es el vínculo perfecto"

—ED Y ELIZABETH PLANTS

# Alimento Para El Pensamiento

En las próximas semanas, intenten implementar dos o tres de las ideas contenidas en este devocional. Selecciónenlas de antemano y elaboren un plan específico para integrarlas en su día.

Dentro de un mes aproximadamente, reflexionen sobre los cambios que han hecho. ¿Hay alguna diferencia en la calidad de su comunicación y en su vida cotidiana? Consideren las siguientes preguntas:

- ¿Qué hábitos amorosos hemos descuidado?
- ¿Nos abrazamos y tomamos de la mano?
- ¿Reímos juntos (y no el uno del otro)?
- ¿Mantenemos contacto visual y ofrecemos nuestra total atención al conversar?
- ¿Cuán a menudo ofrecemos cumplidos y expresamos aprecio a nuestra pareja?
- ¿Cuándo fue la última vez que salimos, solo nosotros dos, sin distracciones ni interrupciones?
- ¿Estamos estudiando juntos la Palabra de Dios?
- ¿Soñamos juntos?
- ¿Recordamos momentos del pasado juntos?
- ¿Le he dicho a mi pareja que le amo hoy?

# A TRAVÉS DE LOS OJOS DE UNA NIÑA

MIENTRAS BAJABA LENTAMENTE a las relucientes aguas del bautisterio, cantaba en mi mente: "¡Cuán grande es Dios! Cantaré, ¡Cuán grande es Dios! Todos lo verán Cuán Grande es Dios".

Al salir del bautisterio, el pastor dijo: "Alyssa Diane Dix es bautizada en el nombre del Padre, del Hijo y del Espíritu Santo". Mientras oraba, seguía contemplando la letra de esta canción. Después de todo lo que había pasado, sabía cuán grande Él era. Recordé las muchas cosas que Él había hecho que cambiaron mi vida.

....................

Apoyándome fuertemente contra la gran pared blanca del baño decorada con dibujos de flores, de mi casa, me quedé allí, de alguna manera consolada por Su Grandeza. Mi hermana mayor, Jennifer, y yo nos cepillábamos los dientes mientras mi hermana menor dormía. Silenciosamente, mientras limpiaba mis lágrimas, escuchaba atentamente la discusión que se avecinaba.

Luego me senté, oyendo un silencio enfermizo y pesado, interrumpido por el ruido hecho por mi mamá que limpiaba la cocina y el de mi corazón latiendo con fuerza. Todo quedó completamente quieto, hasta que escuché los prolongados susurros de una discusión que se había extendido mucho tiempo.

Con miedo, avancé lentamente, deslizando mis pequeños pies por el suelo como quien va camino a la cárcel, hasta que finalmente llegué a la gran puerta. La abrí para echar un vistazo, y luego la abrí un poco más. Todo quedó en silencio. Con nerviosismo, salí y vi que mi mamá tenía marcado en el rostro los surcos de sus lágrimas.

Mis padres nos indicaron a mi hermana y a mí para aproximarnos; pues necesitaban hablar con nosotras. Cuando finalmente hablaron, mi vida cambió. En segundos, mi mundo, tal como yo lo conocía, se tambaleó. ¡Divorcio! ¿Qué?

"Simplemente no funcionó", dijeron. Pero seguían siendo amigos. Viviríamos en el piso de arriba de la casa de mis abuelos sólo con mamá. Papá no viviría con nosotras, pero lo veríamos con regularidad, y nos aseguró que siempre nos amaría.

Papá consiguió un apartamento en Ft. Worth, y lo veíamos cada dos fines de semana, los martes y jueves, y en algunos días festivos especiales. Pero no importaba lo que dijeran o hicieran para tranquilizarnos, todo había cambiado, y papá ya no estaría allí.

Yo era una princesa a la cual habían alejado de su castillo. Nada sería igual, y eso me daba miedo. Así que a veces, sola, me sentaba, abrazada a mis piernas y deseaba que todo pudiera ser como antes. Sabía que probablemente no sucedería, pero eso no me detenía de esperar y orar a Dios por ayuda.

Con el tiempo, comencé a adaptarme a mi nueva vida, una sin un papá que llegara a casa. Papá venía los martes y jueves a llevarnos a cenar. Turnándonos, elegíamos diferentes lugares; nuestro favorito era Pizza Inn. Después, generalmente íbamos al parque, al bowling o al campo de mini golf.papá y su familia, a Discovery Zone o a Kid's *Playhouse*.

Un año y medio después, papá decidió casarse nuevamente con una compañera de trabajo. No nos agradaba porque nunca sería nuestra mamá, pero pensamos que papá era feliz. Papá se mudó a la casa de ella, así que tuvimos que ir allí los fines de semana que estábamos con él.

Al principio, todo estaba bien. Pero después de un tiempo, no nos gustaba ir allí. Aunque hacíamos cosas divertidas y estábamos con papá, no nos agradaba ella. Tenía favoritismos, y su casa era oscura y aterradora. Parecía que las paredes saltaban hacia ti o te encerraban. Aunque preferíamos quedarnos en casa, continuamos visitándolos.

Un año después, una noche, papá nos llevó a casa después de cenar y dijo que quería hablar con mamá. No era una petición inusual, ya que seguían siendo amigos. Así que salieron a hablar en el viejo carro azul GM de papá, mientras mis hermanas y yo nos preparábamos para dormir.

Una hora después, ambos entraron luciendo tan felices y nos dijeron que necesitaban hablarnos. Por supuesto, eso nos preocupó, pero al ver nuestras expresiones, nos dijeron que era algo bueno. A paso de *caracol, entramos en la sala y nos sentamos en la alfombra beige frente a ellos, quienes estaban recostados* el uno en el otro y tomados de las manos.

¿Qué está pasando? Ellos tomaron aire, se miraron y sonrieron. Entonces papá nos dijo que se divorciaría de la mujer con la que se había casado y que él y mamá se reconciliarían. Saltamos a abrazarlos, llorando de felicidad, gritando y diciendo que éramos la familia perfecta y que esto era un sueño hecho realidad. Yo era una princesa que volvía a su castillo.

Supimos después que mi papá había entregado su vida a Dios y le había pedido perdón a mamá por su adulterio. Mamá le dijo que había re-dedicado su vida a Dios y también le pidió perdón. Hablaron de cómo ambos eran responsables y de cómo Dios los había cambiado. Fue entonces cuando hablaron sobre volver a estar juntos nuevamente y oraron al respecto, luego vinieron a contarnos esta noticia dada por Dios.

Mi papá se mudó de nuevo a casa, pero dormía en el sofá hasta que él y mi mamá se volvieron a casar. Luego, habló con nuestro pastor para hacerse miembro de la iglesia a la que todos íbamos. Ellos habían cambiado y ahora ponían a Dios en primer lugar en todo lo que hacían. Siempre habíamos sido amadas, pero parecía que ahora nos amaban de manera más profunda e incondicional. Ambos estaban muy tranquilos y felices, y realmente habían cambiado.

El 12 de marzo, mientras nos vestíamos, mi mamá nos arregló el cabello y nos dio un pequeño relicario de oro. Yo estaba completamente feliz mientras caminaba por el pasillo como dama del cortejo, junto con mi hermanita Brianna, quien era la niña de las flores. Mi hermana Jennifer entró justo antes de mi mamá como dama de honor; luego, mamá fue la última en entrar.

*Ellos habían cambiado y ahora ponían a Dios en primer lugar en todo lo que hacían.*

Mamá estaba tan radiante que brillaba como el sol. Incluso sus lágrimas no se notaban. Estaba hermosa. Todas estábamos allí, mirándola, como fuegos artificiales listos para explotar.

Después de la boda, mi hermana y yo comenzamos a hacer preguntas sobre cómo recibir a Dios como *nuestro Salvador. Queríamos saber por qué, más allá de lo evidente, nuestros padres siempre Lo alababan.* Aprendimos más a través de nuestros padres, la Escuela Dominical y otras personas, y luego recibimos *a* Jesús como Salvador. Hablamos con mi pastor sobre el inmenso amor de Dios y sobre cómo Cristo murió por nosotros, y fijamos una fecha para ser bautizadas.

...............................

Mientras estaba de pie, con el agua hasta la cintura, pensé en mi versículo favorito de la *Biblia:*

*Porque yo conozco los planes que tengo para ustedes, afirma el Señor, planes de bienestar y no de calamidad, a fin de darles un futuro y una esperanza*
Jeremías 29:11 NVI

Dios no planeó lastimarme; en realidad hizo cosas que eran lo mejor para mí, aunque en ese momento yo no podía verlo. Él es asombroso. Dios juntó a mi familia nuevamente, y todos nos convertimos al cristianismo. ¿Qué más podría desear o necesitar que el amor y la misericordia de Jesucristo?

Ahora conozco el incomparable amor de Cristo, y fui cambiada para siempre, incluso a través del divorcio, porque Dios tenía un plan. Desde entonces he crecido espiritualmente, y ahora Cristo colorea todo lo que digo o hago. ¿Dónde estaría sin Él?

**NOTA:** *Mi hija, Alyssa Dix, escribió estas palabras unos meses antes de fallecer en un accidente automovilístico el 2 de marzo de 2008, mientras se dirigía a la iglesia. Vivió una vida plena, aunque acababa de cumplir dieciséis años unos días antes. Estas palabras reflejan su fe en su Señor Soberano, quien tiene un plan para cada uno de nosotros y para nuestro matrimonio y familia.*

—Scott Dix

# Alimento Para El Pensamiento

A veces, no vemos la mano de Dios en una situación diffcil que atravesamos. No estamos del otro lado; solo vemos la montaña delante de nosotros. Pero Dios está obrando detrás del escenario para atraernos hacia Él.

Preguntas para reflexionar:

1. ¿Cómo percibes a Dios? Describe sus atributos con mucho detalle y de manera íntima.
2. ¿Qué piensas que Él ve en ti? Describe esto explicitamente.
3. ¿Cuáles han sido las pruebas o tribulaciones más diffciles que has enfrentado?
4. ¿Percibiste o experimentaste a Dios en medio de ellas?
5. ¿Cómo afectaron esas experiencias tu perspectiva de Él?

*Padre, te alabo porque eres Dios Soberano; nada pasa desapercibido para Ti, incluyendo mi vida y todo lo que me sucede. Quiero acercarme más a Ti y comprender mejor el plan y propósito que tienes para mi vida, según Tu voluntad y deseo al haberme creado. Por favor, ayúdame a experimentarte de una manera más profunda. En el nombre de Jesús. Amén.*

# PARA ESOS HOMBRES: CÓMO CALMAR ESOS ESPAGUETIS

*POR SI SIRVE DE ALGO, hombres, solo ofrezco mi humilde consejo. Pero los hombres principalmente funcionan en "cajas".* Como un gofre (waffle) : una cajita, un tema a la vez. Las mujeres somos más como espaguetis. Un fideo toca otro fideo así como un pensamiento se va a otro o a algún otro asunto. Así que, hombres: si pueden ayudarnos a "desenredar nuestros fideos" un poco en la habitación antes de enfocarnos completamente en una experiencia romántica, podría resultar más productivo. Jajaja. (¡Solo digo!)

Como mujeres, no podemos apagarnos tan fácilmente como los hombres. Aún estamos comprando víveres, doblando la ropa, trabajando y haciendo almuerzos para los niños. ¡Ah! ¿Y qué pasa con la planificación para la tarea, la práctica de fútbol o para dejarlos en la clase de danza? Todo esto flotando en nuestras cabezas.

Así que... tal vez crear un "ambiente" para ella, pueda ayudar. Aquí tienes algunas ideas para el ambiente ideal de una mujer:

- ✓ Un vaso de vino (o un Coca Cola Zero para mí),
- ✓ Un baño de burbujas que tú hayas preparado para ella,
- ✓ Un fondo con velas encendidas,
- ✓ Música suave,

- ✓ Un libro de ficción nuevo favorito, o...
- ✓ Una nueva revista, y lo mejor de todo:
- ✓ ¡Una hora SOLA!

Te sorprenderás de lo que estas acciones tan simples pueden calmarla o aliviarla. ¡Y la noche podría, milagrosamente, estar apenas comenzando!

*Guiño, guiño...*

Pero tú dices: "¿Mi esposa no quiere todo eso?" Entonces, averigua lo que ella sí quiere y ponlo en *práctica*.

---

*¡Te alabo porque soy una creación admirable!*
*¡Tus obras son maravillosas y esto lo sé muy bien!*
*Salmo 139:14 NVI*

---

—Tammy Aten

TOUCHING BASE "CONECTADOS"

# Alimento Para El Pensamiento

¿En qué se diferencian tú y tu cónyuge ?¿Celebran esas diferencias o permiten que los irriten? Si fuéramos exactamente iguales, entonces uno de nosotros sería innecesario.

Cada matrimonio es una creación única. Está bien tener diferencias; eso es perfectamente normal. La clave es cómo respondes a las diferencias de tu cónyuge.

Esta semana, cuando te sientas irritado porque tu cónyuge cree o dice algo diferente a lo que piensas, reconoce que es tu complemento perfecto. Tal vez, responde de manera contraria a lo esperado y ve las cosas desde otra perspectiva.

Haz una lista de formas en que tu pareja puede prepararte para un encuentro romántico. Honra estas ideas con respeto y amor, en lugar de verlas como algo diferente a lo que esperabas.

IDEAS DEL ESPOSO PARA UNA "PREPARACIÓN" ROMÁNTICA:

_____

_____

_____

_____

IDEAS DE LA ESPOSA PARA UNA "PREPARACIÓN" ROMÁNTICA:

_____

_____

_____

_____

# ENTENDIENDO LAS FORMAS

NANCY Y YO nos casamos cuando teníamos diecinueve años. Teníamos algo en común: ¡los dos estábamos enamorados de mí! Ella a menudo dice que doy muchas cosas por sentado. El libro de Pedro enseña:

> *Cada uno viva con su esposa y trátela con entendimiento*
> *1 Pedro 3:7 NTV*

El significado aquí es que necesitamos aprender a comunicarnos, lo cual es más fácil decirlo que hacerlo. Criamos a tres hijas, así que yo era la minoría en una fraternidad femenina. Mi familia siempre me decía: "Nosotras no gastamos de más; tú depositas de menos". El punto es que todos pensamos y nos comunicamos de manera diferente porque la comunicación es complicada.

El cerebro femenino tiene un 15% más de flujo sanguíneo que el masculino y una enorme cantidad de autopistas laterales que conectan ambos lados del cerebro. En esas autopistas, hay mucho tráfico circulando constantemente. En cambio, las fibras de conexión del cerebro masculino son como un camino rural por el que pasa una camioneta F-150 lentamente, con un cassette reproduciendo la música country: "Sendero Campestre, llévame... al juego de beisbol... o a cualquier otro lugar".

Recuerda, la mente de ellas es como una computadora funcionando con muchas ventanas abiertas y pop- *ups constantes, y no puede simplemente "cerrarlas" o ignorarlas, incluso cuando la situación requiere toda* su atención, como en un momento crítico de un partido. Debido a cómo está configurado su cerebro, naturalmente experimenta, internaliza todos los pensamientos y sentimientos, y luego reacciona.

Todo les está interrelacionado en cada ámbito de la vida. Lo que ocurrió en la cocina esta mañana afecta lo que sucederá en el dormitorio más tarde.sobre lo que pasó con "María" en el juego hoy, van a influenciar cómo interactuará con el grupo de la iglesia después.

Decirles que: "Ya olvídalo, no pienses en eso" es tan inútil como echar otro puñado de arena en el Sahara. Aquí está el problema: el cerebro de un hombre procesa profundamente, una ventana a la vez. ¡Eso es todo!

Entonces, aquí hay un pequeño consejo para vivir con entendimiento: Escucha a tu esposa sin corregir ni tratar de solucionar el problema. Lo más probable es que solo esté procesando. Recuérdale amablemente que tú sigues aún en primera velocidad, cuando ella salte de una idea a otra. Planea momentos para tener conversaciones de calidad sin interrupciones.

Puede que eso signifique que se esté preparando algo para más tarde. Pero incluso si eso no ocurre, estás construyendo una amistad, que es el secreto de un matrimonio próspero.

—Dr. Joe Stewart

## Alimento Para El Pensamiento

Piensa en una situación en la que te diste cuenta de que tu cerebro procesa las cosas de manera diferente al de tu cónyuge. ¿Qué acción tomaste para entender su manera de ser? Aquí tienes tres maneras de entender las particularidades de tu pareja:

- Escucha sin corregir ni solucionar problemas.
- Recuérdale suavemente las diferencias en que ambos operan.
- Haz un plan para tener tiempo de calidad y sin interrupciones para conversar.

Prueba este enfoque durante los próximos siete días y toma nota de la diferencia que hace en tu *comunicación*.

# UN FRENTE UNIDO

> *Por eso dejará el hombre a su padre y a su madre,*
> *se unirá a su mujer y los dos llegarán a ser uno solo".*
> *Así QUE YA NO SON DOS, sino UNO solo.*
> *Marcos 10:7-8 (Énfasis añadido)*

ES IMPACTANTE cuando nos damos cuenta de que nuestra decisión más importante, la de unirnos de por vida con alguien en esta tierra, no requiere entrenamiento ni certificación. A pesar de que el matrimonio terrenal fue creado por Dios mismo como algo sagrado y destinado a representar la relación entre el Novio (el Hijo de Dios, Jesús) y la Novia, Su Iglesia.

¡Vaya, incluso en primer grado me pidieron hacer una prueba para demostrar que sabía sumar dos más *dos!* Y, sin embargo, *no se exige nada para que un adulto formalice un compromiso de por vida, legalmente* vinculante, con otro ser humano adulto. Cuando obtenemos ese lindo certificado de matrimonio, el declara que ahora estamos casados legalmente ante los ojos de la ley y de Dios mismo. Seguramente habremos aprendido algo de alguien, en algún lugar. ¡Claro que sí!

Comencemos con la crianza de los hijos. ¿Cuándo aprendimos a hacer eso? ¿Y dónde? Básicamente, aprendimos de lo que sucedió en nuestro hogar mientras crecíamos. Aprendimos lo que aprendimos de quienes nos criaron o fueron nuestros padres. Por lo tanto, todos tuvimos maestros diferentes, lo que significa que hacemos

*Y, en realidad, ¡fue la experiencia más divertida de todas!*

las cosas de manera distinta porque todos somos muy diferentes. ¡Y eso es algo realmente bueno! Se nos dice que abracemos nuestras diferencias. ¡Los polos opuestos se atraen! Gracias a Dios somos distintos en muchos sentidos.

Cuando llegó el momento de criar a nuestro primer hijo, nuestro varón, Tammy y yo pusimos nuestras diferentes formas de crianza al frente y en el centro; no tuvimos tiempo para prepararnos. No había un libro que nos dijera exactamente cómo entrenar y disciplinar a este pequeño ángel de voluntad fuerte de dos años de edad, que Dios había colocado en nuestro hogar.

Y una y otra vez enfrentamos pruebas. No recomiendo que nadie haga lo que nosotros hicimos: criar a nuestros hijos en una casa rodante de 12 m², estacionada casi siempre en los aparcamientos de las iglesias por todo Estados Unidos. A menos que sea idea de Dios, que en nuestro caso lo fue. Así que Él nos dio la gracia para hacerlo. Y, en realidad, ¡fue la experiencia más divertida de todas!

Aún hoy, la escena se repite en mi mente. Mi esposa era maestra y músico. Y gracias a Dios, ella educó a nuestros dos hijos mientras estábamos en carretera. Así que, todos los días, sin importar dónde estuviéramos, las clases comenzaban a las 8:00 a.m.

Durante el día, el director (o sea, yo) solía ser llamado si algún estudiante tenía una actitud inapropiada o hacía algo que yo ni podría imaginar. ¿En serio, este regalo del cielo, le ha dicho eso a su maestra, que además es su madre? algo más pudiera *funcionar*.

Y esas herramientas las has perfeccionado durante años observando cómo otros padres educaban a sus hijos. Tal vez no las perfeccionaste tan bien como podrías haberlo hecho, porque eso fue antes de tener tus propios hijos.

Entonces, te enojas. Olvidando que eres parte de un equipo, reaccionas imponiendo un castigo que termina afectándolos a todos. O tal vez piensas que sabes cuál es la mejor manera de manejarlo. Sin embargo, no estás "en la misma página" con tu pareja. Aun así, sigues adelante y lo haces a tu manera, pensando que el niño no se dará cuenta de que tú y su mamá no están de acuerdo.

Pero no siempre estarán de acuerdo. Pero no te engañes. Esos pequeños lo saben y sabrán cómo jugar contigo y tu pareja para poner el uno contra el otro. Incluso hoy, ya adultos, ellos saben a quién llamar dependiendo la situación.

Todo esto para decir que, al final del día, la consistencia y la unidad triunfan. Tus hijos son un gozo del Señor, el fruto divino del amor entre ustedes. El Señor los usará para moldearlos, flexibilizarlos y afilar sus habilidades como madre y padre.

Nosotros fuimos como ellos una vez, y sí, también sabíamos cómo conseguir lo que queríamos del que tuviera cierta debilidad hacia nosotros.

Así que confúndelos. Haz que piensen que ustedes *son uno y son lo mismo*. Porque lo son.

—Sherman Aten

# Alimento Para El Pensamiento

Cuando los hijos escuchan respuestas diferentes de sus padres, aprovechan la oportunidad para usarlos a su favor. Por favor, no nos pregunten cómo sucede eso. Es algo instintivo y puede causar dificultades en la crianza.

Los niños anhelan respuestas consistentes. Ellos pueden hacer un berrinche o acusar a sus hermanos. Pero en el fondo, saben que hay estabilidad en su hogar.

Revise las situaciones a continuación. Marque cuál de los padres es más indulgente y luego trabajen juntos para llegar a un punto intermedio con la finalidad de tener coherencia al responder a sus hijos.

¿Quién es más propenso a "ceder" en la aplicación de las siguientes reglas *familiares*?

|  | PAPÁ | MAMÁ |
|---|---|---|
| • Quedarse fuera después de la hora límite | ____ | ____ |
| • Completar las tareas domésticas | ____ | ____ |
| • Comer toda su comida antes del postre | ____ | ____ |
| • Obtener buenas calificaciones | ____ | ____ |
| • Asistir a la iglesia regularmente | ____ | ____ |
| • Retirar su plato de la mesa | ____ | ____ |
| • Usar sarcasmo o hablar de manera inapropiada | ____ | ____ |
| • Respetar a los mayores | ____ | ____ |
| • Mantener su habitación limpia | ____ | ____ |
| • Colocar su ropa sucia en el cesto | ____ | ____ |
| • Practicar deportes, música, otras lecciones | ____ | ____ |

# LA VISIÓN DE UN MATRIMONIO BENDECIDO

WALT DISNEY murió durante la construcción de Disney World en Florida, y cuando la obra terminó y se *abrió, una persona le dijo a uno de los principales ejecutivos de Disney: "¡Ojalá el Sr. Disney hubiera podido* verlo!" El ejecutivo respondió: "Oh, él sí lo vio—¡por eso está aquí!"

¿Tienes una visión inspirada por Dios para tu matrimonio? Dado que Dios es quien originó la idea del matrimonio y tiene mucho que decir al respecto en la Biblia, sería sabio buscar Su perspectiva sobre cómo es un matrimonio bendecido y cómo podemos lograrlo. Se ha dicho que la visión es una imagen mental clara de un futuro deseado impartido por Dios a Sus hijos. Porque Dios nos ama, Él quiere que nuestro matrimonio sea un viaje significativo, siguiendo Su visión y bendición.

La versión ampliada de Proverbios 29:18 dice: "Donde no hay visión [ni revelación de Dios y Su palabra], el pueblo se descontrola". La Nueva Traducción Viviente dice: "Cuando la gente no acepta la guía divina, se desenfrena".

Si deseas un matrimonio saludable, fuerte y gratificante, fundaméntalo en la visión, sabiduría y guía que solo Dios puede darte. Como Jesús respondió a Satanás cuando le dijo que convirtiera las piedras en pan: "Está escrito: 'No solo de pan vive el hombre, sino de toda palabra que sale de la boca de Dios.'" (Mateo 4:4)

Si no te has dado cuenta, el mundo tiene todo tipo de consejos y tentaciones para que intentes hacer las cosas a su manera. Sin embargo, al igual que en el Jardín del Edén, el tentador nunca te cuenta el resto de la historia ni las consecuencias negativas de lo que parece tan atractivo. ¡El apóstol Juan tenía razón cuando nos aconsejó:

---

*No amen al mundo ni nada de lo que hay en él.*
*Si alguien ama al mundo, el amor del Padre no está en él.*
*Porque nada de lo que hay en el mundo —los malos deseos*
*de la carne, la codicia de los ojos y la arrogancia de la*
*vida—, proviene del Padre, sino del mundo. El mundo se*
*acaba con sus malos deseos, pero el que hace la voluntad*
*de Dios permanece para siempre.*
1 Juan 2:15-17 NVI

---

Por lo tanto, nuestro enfoque y visión deben estar en el Señor y Sus caminos, en lugar de estar en los caminos del mundo. Él diseñó el matrimonio y nos bendecirá a medida que mantengamos nuestros ojos en Él y busquemos Sus instrucciones.

Cuando Jesús caminaba sobre el agua hacia el barco donde estaban sus discípulos, ellos pensaron que era un fantasma. Él les dijo: "¡Ánimo! Soy yo. No tengan miedo".

Pedro le dijo: "Señor, si eres tú, manda que yo vaya a ti sobre el agua". Jesús le dijo: "Ven".

Pedro bajó del barco y caminó hacia Jesús. Pero al sentir el viento, tuvo miedo y, comenzando a hundirse, gritó: "¡Señor, sálvame!" (Mateo 14:26-30) confiando en Él para que nos guíe y podamos seguir Su visión para un matrimonio hermoso y bendecido.

—Glenn Ward

# Alimento Para El Pensamiento

La palabra "visión" proviene del latin "videre" y se define como la capacidad de ver algo en el futuro con imaginación y sabiduría. Compartir una visión matrimonial entre los cónyuges fortalece significativamente la relación. Las personas caminan hacia lo que ven, por lo que tener una visión compartida ayuda a la pareja a caminar directamente hacia ese objetivo.

Los objetivos tienen más probabilidades de alcanzarse cuando hay una visión detrás de ellos. Por ejemplo, tu objetivo puede ser reducir una deuda. Como pareja, caminarán hacia esa visión unida porque la "ven" *juntos*.

¿Qué visiones has creado con tu cónyuge para el futuro de tu matrimonio? Pueden estar centradas en finanzas, salud, carrera profesional, familia, viajes, etc. Escríbelas abajo y entrégaselas a Dios cada día en *oración*.

Identifiquen y escriban los objetivos compartidos en las siguientes líneas. Ejerciten su fe. En lugar de decir, "Lo creeré cuando lo vea", prueben la manera de Dios: "¡Yo lo creeré, mantendré la fe, hasta que lo logre *ver!*"

_____

_____

_____

_____

_____

_____

_____

# LO QUE TODO HOMBRE DESEA QUE SU ESPOSA SEPA SOBRE EL DÍA DE SAN VALENTÍN

¡ESPERO que el titulo de este tema haya captado tu atención! Hombres, una vez que lean esto, tienen mi permiso para hacer que su esposa lo lea. Y espero que les sea útil.

El 14 de febrero es el Día de San Valentin, un día para celebrar el amor y para que las parejas se honren *mutuamente. ¡Eso es todo! Mujeres, entiendan que no es una prueba definitiva de amor. No es una prueba de que él te ama.* No se trata del regalo que te da o del que no te da.

No es evidencia de que te conoce o te escucha porque has estado dejando "sutiles" pistas sobre lo que quieres de él. No son diamantes. Ni flores. Ni expresiones caras de romanticismo. (Y chicos, ¡tampoco siempre se trata de Victoria's Secret!)

Muchas mujeres entran en el matrimonio con una actitud que se parece más a la de una niña de octavo grado que a la de una mujer adulta:

- ✓ "¡Olvidó el Día de San Valentin!"
- ✓ "¡Olvidó mi cumpleaños!"
- ✓ "¡Eso demuestra lo poco que le importo!"

*No son diamantes. Ni flores. Ni expresiones caras de romanticismo.*

¡No, no lo demuestra! Solo significa que falló tu pequeño examen sorpresa. ¡Y ni siquiera importa que él no sabía que estaba bajo evaluación!

Su amor por ti se basa en cómo él está a tu lado y te apoya en la vida. La mayoría de las personas están tan abrumadas por las responsabilidades, desaffos y demandas de la vida cotidiana que no tienen la capacidad o la atención suficiente para captar indirectas o pistas sutiles que otras personas intentan dar (¿en serio?) se pierden en la luz que nos ciega, de la vida misma.

Yo ya fui tan inmadura en mi matrimonio como las mujeres que les estoy describiendo. Quería flores, al menos. Y una tarjeta elegida cuidadosamente para mí también. ¿Era eso demasiado pedir? ¿No podía él, por lo menos, fingir que me apreciaba ese tanto? Era así el monólogo resonaba en mi cabeza año tras *año.*

Hasta el año en que mi papá tuvo cáncer. Mis días estaban llenos de lidiar con adolescentes en casa, cuidar a mi mamá tras su cirugía de corazón y llevar a mi papá de cita en cita con todo el caos de la quimioterapia. Al mirar mi semana en el calendario, de repente me di cuenta de que el día siguiente era San Valentin. Sabía que Jon estaba abrumado y en algún lugar del noroeste del país, en diferente zona horaria (lo que también te desajusta bastante)

Entonces, levanté el teléfono y lo llamé. Le dije: "Jon, mañana es San Valentin. Acabo de darme cuenta, así que me preguntaba si tú habías notado la fecha".

"Oh, ¡no! Ni siquiera se me había cruzado por la mente", *respondió Jon, genuinamente sorprendido.* "¿Qué quieres?". encargarlas y recogerlas en el camino a la quimioterapia", pensé en voz alta. "Suena genial".

Fui un poco más allá. "Tu sueles comprar algo para Hayley. ¿Tienes algo en mente para *ella?*".

Él hizo una pausa. "Sí, tal vez un osito con globos. ¿Te importa comprar eso también?" "No hay problema. Puedo hacerlo al mismo tiempo. ¿Qué quieres que diga mi tarjeta, y qué quieres que diga la de ella?"

Trabajamos juntos para que cada regalo fuera un éxito y para que cada destinatario se sintiera *amado*.

¡Ese es el verdadero propósito del matrimonio! No es una prueba ambigua y pasivo-agresiva de amor, sino trabajar juntos para que todos sean ganadores. Para que todos tengan éxito. Para que cada miembro de tu familia sepa que pueden contar unos con los otros.

Eso es amor. Amor real y maduro. Que un hombre esté dispuesto a dar su vida por ti... no que lea tu mente para San Valentin o tu cumpleaños. ¡Así que madura!

—Kelly Randles Lanier

# Alimento Para El Pensamiento

Un pilar fundamental del matrimonio es la honestidad y la apertura. Dar pistas sobre regalos que queremos o hacer comentarios indirectos que no se expresan claramente lo que queremos, dificulta la comunicación. No deberíamos tener que adivinar lo que nuestra pareja necesita o le gusta. Y viceversa.

Pide lo que quieres. Y pregúntales qué quieren ellos. Al principio, puede parecer incómodo o intimidante, pero con el tiempo conducirá a una comunicación más íntima entre ustedes.

Y entiende que los cambios no suceden de la noche a la mañana. ¿Qué puedes hacer para ayudar a tu pareja e hijos a tener éxito en los asuntos relacionados a la familia? Enumera tres maneras a *continuación:*

1. _____

2. _____

3. _____

# ¿QUÉ SUCEDE CUANDO EL CUENTO DE HADAS SE VUELVE REAL?

> *Por eso, confiésense unos a otros sus pecados y oren unos por otros, para que sean sanados. La oración del justo es poderosa y eficaz.*
> *Santiago 5:16 NIV*

¿CUÁL ES LA DIFERENCIA entre un hogar compartido con Jesús y uno donde Él es un extraño? La oración es la diferencia.

Me casé con mi primer esposo recién salida de la universidad. Conseguimos buenos trabajos, compramos una casa nueva y comenzamos nuestra vida perfecta juntos. Pero, antes de que pasaran dos años, lo encontré con otra mujer. Nuestra vida perfecta se hizo añicos, y el hombre al que había puesto en un pedestal, se cayó por completo. Como ya no era perfecto, me divorcié de él sin pensarlo demasiado. No había perdón en mí, solo un sentimiento de conmoción y traición.

Me apresuré a entrar en otro matrimonio con un hombre que resultó ser un adúltero en serie. El camino para descubrir eso casi me llevó a perder la cordura. Lo cuestionaba con frecuencia, y él siempre respondía airado que yo estaba "loca". Mis sospechas inundaron mi mente con dudas y culpa.

Durante este tiempo, me la pasaba de rodillas. Oh, Yo había orado a lo largo de mi vida, pero mis oraciones no eran fervientes. ¿Por qué habrían de serlo? Normalmente, todo me iba bien.

El dolor nunca había sido parte de mi vida. Pero ahora, la oscuridad había tomado el control—una oscuridad sofocante. La expresión buscar la "luz al final del túnel" cobró sentido para mí. Estaba en un túnel completamente oscuro, sin ninguna luz a la vista. Sin salida.

*Dios no lleva cuentas.*

Mis oraciones eran agotadoras, y sentia como si me fuera a ahogar en mi dolor. Oraba para que Dios me mostrara que no estaba loca. Aunque buscaba una salida, eso no era lo que pedía. En su lugar, oraba por claridad y fortaleza, y eso fue exactamente lo que recibí.

Dios me mostró todas las pruebas necesarias para confirmar que mi esposo era un mentiroso y un adúltero, y me liberó de la culpa. Dos años y medio después del matrimonio #2, el divorcio #2 también llegó a mi vida. Estaba en mala racha y, sin duda, era una decepción para mi familia.

Aunque parezca increíble, me casé una vez más. Dios escuchó mi clamor. Actualmente, mi matrimonio lleva 38 años. ¿Cuál es la diferencia esta vez? ¿Por qué una persona que falló dos veces en el matrimonio tuvo otra oportunidad?

Primero, porque Dios no lleva cuentas. Sus misericordias, de hecho, son nuevas cada mañana. Y segundo, porque mi esposo y yo estamos haciendo algo diferente: Jesús es ahora nuestro primer amor. *Ambos* claramente lo que es caminar sin Jesús, y ninguno quiere volver a esa *oscuridad*.

¿Entonces, crees que ahora vivo una vida de cuento de hadas? Para nada. ¿Pero no se supone que los cristianos tienen matrimonios perfectos? Para nada. ¿No se supone que los cristianos no discuten en casa? Para nada.

A lo largo de los años, he descubierto que orar por mi esposo ha tomado muchas formas. He orado por sanidad cuando está enfermo. He orado por guía cuando debe tomar decisiones. Pero mis respuestas favoritas a las oraciones son aquellas egoístas que he hecho. Dios tiene sentido del humor.

Después de una discusión y cuando no podemos ponernos de acuerdo, mis oraciones egoístas suelen ser algo así: "Dios, por favor haz que mi esposo vea las cosas a mi manera. Por favor, Dios, haz que entienda lo equivocado que está y que comprenda mi punto de vista. ¡Suaviza su corazón!"

Sin fallar, el Espíritu Santo se mueve, y el corazón se ablanda. Solo que, siempre es mi corazón el primero en cambiar. Luego, es el de mi esposo. Y en mi petición para que él vea las cosas a mi manera, yo comienzo a verlas desde su perspectiva.

Es imposible orar sinceramente y con honestidad por alguien sin amor. Y es el amor de Jesús lo que marca la diferencia. Muchas veces sentirás que ya no amas a esa persona con la que llevas lo que parece un millón de años de casados. Entonces, si no lo amas, ni siquiera te gusta, ¿cómo podrías orar por él?

Si estás enojada y confundida sobre cómo orar por tu cónyuge, déjame *preguntarte:*

- ✓ ¿Eres feliz sintiéndote como te sientes ahora?
- ✓ ¿Estás cansada de sentirte víctima o lamentándote por tu situación?
- ✓ ¿Quieres que tu situación se resuelva?
- ✓ ¿Ya has decidido cómo quieres que se resuelva esta situación?
- ✓ ¿Tienes miedo de que el Espíritu Santo te diga algo que no quieres escuchar?

Estás tan enojada, que eso te impide ir al Padre y pedirle lo que necesitas. Tal vez piensas que primero debes arreglarlo todo antes de buscar Su guía. Satanás ha colocado estos obstáculos en tu camino. Y ese corazón endurecido es lo que bloquea el camino.

¿Dónde empezar? Si es necesario, comienza con esa oración egoísta que mencioné antes. Sácalo de tu sistema frente al Perfecto

Oyente, Él te ayudará. Si oras egoístamente una y otra vez, no te rindas. Sigue hablando. Con el tiempo, esas conversaciones se volverán menos coléricas y, como en cualquier mediación, comenzarás a escuchar.

*Entonces, la piedra (tu corazón) se ablandará. Tu actitud se suavizará. Tu perspectiva se transformará. Algo* nuevo, un amor perfecto, llenará el recipiente (a ti). Una vez más, el amor se incluirá en la conversación.

Te darás cuenta de que nunca habrías llegado hasta ahí por tu cuenta. El amor es la respuesta, y la oración hace la diferencia.

—Alice Gilroy

# Alimento Para El Pensamiento

La oración, y la espera que a menudo la acompaña, puede ser agotadora. Sentimos que nuestras oraciones son en vano porque no estamos viendo las respuestas, o las respuestas no son lo que esperábamos.

Si te sientes frustrado con respecto a la oración, no estás solo. Encontrar una paz verdadera a través de la oración puede verse afectado por factores externos como el estrés, las demandas de la vida, enfermedades, etc. Al igual que la vida misma, nuestra vida de oración pasa por estaciones: verano, primavera, invierno y otoño.

Usa las líneas a continuación para que describas: ¿En qué "estación" te encuentras actualmente en tu vida de oración? ¿Hubo alguna situación o circunstancia que te llevó ahí? ¿O fue simplemente el curso natural de tus días?

_____

_____

_____

_____

_____

_____

Anímate a perseverar. En el calor del verano, siempre está la certeza de que el otoño llegará. Sigue orando. Las cosas mejorarán. Dios te está guiando hacia adelante.

# ¿QUÉ HAY DETRÁS DE ESE MURO?

*Practiquen el dominio propio y manténganse alerta.*
*Su enemigo el diablo ronda como león rugiente,*
*buscando a quién devorar.*
1 Pedro 5:8 NVI

ZARIGÜEYAS. No sé por qué existen. Una vez, cuando viajábamos con nuestros hijos a tiempo completo en el ministerio, llegamos tarde en la noche, estacionamos nuestra casa rodante, entramos a la casa y fuimos directamente a la cama. Inmediatamente exclamamos: "¡Uy! ¿Qué es ese olor?" No teníamos ni idea, pero... tal vez... un ratón había muerto en una pared de la casa. El olor era definitivamente demasiado fuerte para un ratón. Rápidamente regresamos a nuestra casa sobre ruedas y nos fuimos a dormir allí.

A la mañana siguiente, al entrar a la casa, nuestro perro tejonero (dachshund) se dirigió a la habitación de nuestra hija y comenzó a olfatear el enchufe eléctrico. Luego vimos su retrato de cuando era bebé en la pared, como sobresaliente. ¡Ugh! Allí estaba. Algo peludo había explotado a través del yeso justo detrás de la foto de nuestra pequeña. ¡Sí, era una zarigüeya, una zarigüeya que había estado embarazada!

La zarigüeya, había encontrado un lugar oscuro y cómodo en nuestra casa para tener a sus crías, metiéndose por una grieta del nuevo techo, donde estaba una lámina metálica que no se había reemplazado. Y luego murió. Pero sus pequeños y peludos bebés estaban por todo nuestro ático. ¿A alguien más le ha pasado esto? ¡Realmente!

Ahora, probablemente hay más de una lección que se puede aprender aquí. Primero, revisar las láminas del techo. Yo pude y debí haberlo hecho.

Y no debemos darle todo el crédito al diablo cuando las cosas se vuelven locas. Sin embargo, la verdadera lección aquí es que, a veces, somos sorprendidos de la nada. Quiero decir, ¿es acaso una coincidencia que la zarigüeya haya explotado en la pared justo sobre la foto de mi hija? ¿Cuáles son las probabilidades? Mi *hija fue y sigue siendo una de las más ungidas adoradoras que conozco. ¿Entonces eso fue solo casualidad?*

¡Creo que no! De hecho, hoy en día, los ataques espirituales a los matrimonios y las familias están potenciados al máximo.

Esposos, papás, esposas y mamás, cuídense del enemigo invisible. Él es despiadado, y su olor es peor que la podredumbre que limpiaron de nuestra pared. Además, no pienses que siempre estarás exento de estos ataques, solo porque amas a Dios y le sirves a Él y a Su pueblo. Tú y tu familia son aún más su objetivo. Si puede derribarte, la caída de dominó habrá comenzado. El enemigo encontrará la abertura donde no se reemplazó esa lámina, o donde has ignorado algo, y hará lo impensable.

Tal vez sabes lo que está detrás de la pared en tu matrimonio o familia. Y alguien necesita limpiarlo y eliminarlo. Está muerto y ha saturado áreas que necesitarás fumigar y desinfectar. del enemigo. Llegarán cuando menos lo esperes. Incluso cuando estás decaído e indefenso, el diablo no conoce la misericordia y literalmente te odia. ÉL-ODIA-LA-FAMILIA.

—Sherman Aten

## Alimento Para El Pensamiento

El pasaje bíblico en este devocional nos advierte que debemos estar sobrios o alertas porque nuestro enemigo quiere devorarnos. La palabra "devorar" significa consumir o destruir rápidamente. Devorar algo es como un fuego voraz que arrasa con una pila de leña.

Estar alertas significa mantener una vigilancia cuidadosa o estar listos para enfrentar el peligro o la oportunidad. Así que nunca podemos retroceder o permitir que el enemigo tenga ocasión de atacarnos. Esto requiere oración vigilante sobre tu hogar y familia.

Recorre cada habitación de tu hogar, y usa la oración que te dejo a continuación, a lo largo de todo el camino. Estén unidos como pareja para mantener la vigilancia sobre su hogar.

*Querido Señor, tu palabra declara que Tú estás siempre presente en nuestras vidas. Al caminar por nuestro hogar, confiamos en que bendecirás cada rincón y cada espacio dentro de estas paredes. Consagramos nuestro hogar, nuestras posesiones y nuestra propiedad a Ti, oh Dios. Te damos gracias por las huestes angelicales asignadas divinamente para velar sobre nosotros. Tenemos fe en que Tú estás protegiendo nuestro hogar, como dices en Tu palabra, cercados con protección divina. A Ti sea toda la gloria. En el nombre de Jesús. Amén.*

# ¿DÓNDE ESTÁS CONSTRUYENDO TU CASA?

UNA DE LAS OBRAS literarias más conocidas es referida como el Sermón del Monte, y su orador es Jesucristo. *Es una enseñanza revolucionaria en la que Jesús muestra cómo una persona puede vivir eficazmente como* miembro de Su Reino. Por supuesto, también ofrece excelentes consejos sobre cómo tener relaciones significativas en nuestras familias.

Jesús concluye el sermón con un llamado al compromiso y una elección voluntaria hacia la acción positiva. En Mateo 7:24-29, Jesús describe la elección sobre dónde construir nuestro hogar:

> *Por tanto, todo el que me oye estas palabras y las pone en práctica es como un hombre prudente que construyó su casa sobre la roca. Cayeron las lluvias, crecieron los ríos, soplaron los vientos y azotaron aquella casa; con todo, la casa no se derrumbó porque estaba cimentada sobre la roca. Pero todo el que oye mis palabras y no las pone en práctica es como un hombre insensato que construyó su casa sobre la arena. Cayeron las lluvias, crecieron los ríos, soplaron los vientos y azotaron aquella casa. Esta se derrumbó y grande fue su ruina. Cuando Jesús terminó de decir estas*

> *cosas, las multitudes se asombraron de su enseñanza, porque enseñaba como quien tenía autoridad y no como los maestros de la Ley.*
> *Mateo 7:24-29 NVI*

No se menciona nada sobre el tipo de materiales utilizados en la construcción de la casa, solo el asiento de la base sobre la cual construimos. También dice que vendrán tormentas con lluvia y viento golpeando las estructuras. Su punto es que la clave para sobrevivir tales asaltos es el tipo de fundación sobre la cual uno construye. Jesús también llama a los constructores sabios o necios, dependiendo de la fundación sobre la cual eligieron construir sus hogares. La persona sabia construyó su hogar sobre la fundación sólida de la roca, mientras que la persona necia lo construyó sobre la arena.

Mientras construimos nuestros hogares, podemos elegir ser sabios, haciendo de Jesucristo y Su Palabra la Roca de fundación sólida. O podemos descuidadamente y sin sabiduría dejar que la actitud y los caminos del mundo sean la base.

Realmente las personas no han cambiado desde los días en que multitudes se reunían alrededor de Jesús para escucharlo enseñar. Algunos oían y seguían Sus enseñanzas. En contraste, otros eran simplemente curiosos que nunca llegaron a escuchar de una manera que realmente hiciera una diferencia en sus vidas. Hoy en día, algunos escuchan un sermón o una enseñanza sobre Jesús y Su Palabra y simplemente dicen "Ese mensaje es bueno", y siguen adelante con sus vidas sin ser afectados Sus Palabras. Otros escucharán de verdad Su mensaje y tomarán la decisión de construir su hogar sobre la Roca sólida que es Jesús y Su *Palabra*.

¿Y tú? ¿Tu hogar está siendo construido sobre La Roca, que es Jesús? ¿O está siendo construido "sobre *rocas*"?

—Glenn Ward

TOUCHING BASE "CONECTADOS"

# Alimento Para El Pensamiento

Una buena fundación hace más que simplemente soportar lo que se construye sobre ella. También protege, aísla y resiste el movimiento de la tierra. Del mismo modo, un matrimonio sólido depende de estar basado en una fundación firme.

Compara los componentes necesarios para una fundación física firme y duradera con las características de tu matrimonio.

¿Qué áreas necesitan ser fortalecidas? Una buena fundación es:

- **Capaz de soportar varias toneladas de peso.** ¿Es tu matrimonio lo suficientemente fuerte para resistir la presión y los cambios de la actualidad?

- **Nivelada y perpendicular en todos sus lados.** ¿Hay alguna área en tu relación que se haya vuelto desequilibrada?

- **A prueba de clima ante tormentas fuertes.** ¿Es tu matrimonio lo suficientemente fuerte para resistir un aguacero donde los vientos y las olas lo golpean? Si no es así, ¿qué es necesario para "reforzar" la fundación y prepararla para la tormenta?

# ¿CON QUIÉN ESTÁS HABLANDO EN EL JARDÍN?

UN JARDÍN es un lugar hermoso y especial que realmente estimula nuestros sentidos. Vemos la inmensa belleza de una rosa, percibimos su fragancia, tocamos sus delicados pétalos. Escuchamos los maravillosos *sonidos del cantar de los pájaros o de las campanas de viento colgando de un árbol, produciendo un bonito* sonido. Se siente la suave brisa acariciar nuestro rostro; es un lugar maravilloso para estar quietos, reflexionar, orar y reconocer que Él es Dios. Y para mí, la experiencia se completa al disfrutar una buena taza de café.

---

*Dios el Señor plantó un jardín al oriente del Edén y allí puso al hombre que había formado. Dios el Señor hizo que creciera toda clase de árboles atractivos a la vista y buenos para comer. En medio del jardín hizo crecer el árbol de la vida y también el árbol del conocimiento del bien y del mal.*
*Génesis 2:8-9 NVI*

---

---

*De la costilla que le había quitado al hombre, Dios el Señor hizo una mujer y se la presentó al hombre*
*Génesis 2:22 NVI*

---

Estaban **juntos** en el jardín.

Mientras Lori y yo hemos estado renovando el jardín de la casa, nos dimos cuenta de que también puede haber peligros en el jardín. Encontramos unas pequeñas serpientes mientras movíamos algunas plantas. Y Digamos que las serpientes, no son las favoritas de Lori.

Adán y Eva también se encontraron con una serpiente en el jardín, pero no reconocieron el peligro asociado con ese reptil. Eva conversó con la serpiente, y tanto ella como Adán escucharon lo que la serpiente decía en lugar de hablar y escuchar al que había creado ese hermoso jardín y los había colocado allí. Tomaron una decisión muy pobre y, como resultado, sumergieron a toda la humanidad en el pecado.

Jesús, en cambio, pasó tiempo en un jardín: el Jardín de Getsemaní. En Mateo 26:36-46, Jesús llevó a Pedro, Santiago y Juan con él para orar. En el versículo 38, Jesús les dice: "Quedaos aquí y velad conmigo". Y en el versículo 41: "Velad y orad para que no caigáis en tentación. El espíritu está dispuesto, pero el cuerpo es débil". Ellos no escucharon; se quedaron dormidos.

Mientras tanto, Jesús habló y escuchó al Padre, orando varias veces: "Padre mío, si es posible, que pase de mí esta copa. Pero no sea como yo quiero, sino como tú quieras". Adán y Eva hablaron con la *serpiente* en lugar de hablar con el Padre y trajeron el pecado al mundo. Los discípulos no oraron al Padre y *terminaron abandonando al Hijo de Dios. Jesús habló con el Padre y logró salvar a la humanidad del pecado* y de la muerte.

¿Con quién estás hablando en el jardín? Tenemos un enemigo que busca robar, matar y destruir nuestro matrimonio y nuestra familia. El deseo de Dios es que nuestro matrimonio prospere, reflejando la relación entre Cristo y su esposa, la iglesia. Así que, cuando nos sometemos a Dios y resistimos al diablo, él huirá de nosotros.

Protege el jardín de tu matrimonio manteniéndote en constante comunión con Aquel que lo *creó*.

—Scott & Lori Dix

TOUCHING BASE "CONECTADOS"

# Alimento Para El Pensamiento

La última tendencia en jardinería incluye el uso de plantas de "bajo mantenimiento". Pero cuando *comparamos nuestro matrimonio con un jardín, entendemos que requiere cuidado y atención constantes.*

¡No existe tal cosa como un matrimonio libre de *mantenimiento!*

- Discute las diferentes maneras en las que el enemigo trata de atacarlos a cada uno. Pregúntense cuál es su plan de batalla frente a esos ataques. Referencia Efesios 6:10-18.
- ¿Cómo están intencionalmente cuidando el jardín de su matrimonio? ¿De qué maneras lo han estado descuidando? Oren juntos y hagan los ajustes necesarios.
- Individualmente, escriban cómo describirían su vida de oración juntos. ¿Es inexistente? *¿Deficiente? ¿Esporádica? ¿Sólida? ¿Excelente?* Luego, comparen sus respuestas, discútanlas y comprométanse a mejorarla ahora. En palabras de una famosa marca de calzado deportivo, "¡Solo hazlo!" (Just do it)

*Padre, gracias por el regalo de mi cónyuge. Que pueda cuidar de ellos como tú cuidas de mí. Muéstrame cómo atender y mantener el jardín de nuestro matrimonio tan hermoso y rico que los colores, sonidos, sabores, texturas y fragancia de nuestro matrimonio te agraden. En el nombre de Jesús. Amén.*

# ¿POR QUÉ ME AMAS?

REPASEMOS una conversación común entre parejas:

Esposa: "Cariño, ¿por qué me *amas?*"
Esposo (pensando para sí mismo): *Ay, aquí vamos otra vez.*
La esposa continúa: "Hay tantas cosas que amo de ti, como tu mente analítica, tus ojos tan atractivos y tu suave barba. Ahora, ¿por qué me amas a mí?"
Esposo: "Caray, ¿cómo puedo superar eso? Hmm... ¿qué digo? [pausa incómoda] Bueno... simplemente amo todo de ti".
Esposa: "Así no, tienes que decir algo específico. No puedes simplemente decir *'todo'*".
¡Y así continúa! De una forma u otra, todos hemos tenido esta conversación. Una en la que nuestra pareja nos pide que expresemos por qué y cuánto la amamos. ¿Es eso tan fácil?

*Estoy casado con Kelly, una de las personas más hermosas del mundo. Al momento de escribir esto, hemos* estado casados solo unas semanas. Sin embargo, durante 45 años estuve casado con Sue, y durante 38 años Kelly estuvo casada con Jon. Nuestros anteriores cónyuges fueron los amores de nuestras vidas, y tristemente, ambos fallecieron.

Al momento de su partida, nuestros esposos estaban frágiles, amarillos, calvos, incoherentes y tan, tan cansados. Cuando cerraron sus ojos a esta vida, no tenían nada de las cualidades físicas, mentales, emocionales o espirituales que profesamos atesorar mientras estamos en este mundo. Sin embargo, los amábamos más que nunca.

Y así que preguntamos: "¿Por qué me amas?" A veces, yo lucho con la pregunta de por qué Dios me *ama*.

¿Qué es lo que Él ama de mi? No puedo pensar en nada que merezca Su amor, ningún atributo mío que lo merezca. Simplemente no soy digno de ser amado.

Sin embargo, sé que Él me ama. Dios me ama, con todos mis defectos, simplemente porque soy yo. No es fácil comprender ese tipo de amor. Pero es el mismo amor que Kelly sentia por Jon y que yo sentia por Sue. Y ahora compartimos ese amor el uno por el otro.

Yo amo a Kelly porque ella es Kelly. Sí, hay atributos específicos que me encantan de ella, pero ya ambos hemos pasado por eso antes. Nuestro amor mutuo es algo más grande que la suma de nuestras dos *vidas*.

Es diffcil de explicar, y no soy digno de esta tarea. Como pecador salvado por gracia y bendecido por la misericordia de Dios, he aprendido profundamente cómo funciona el amor entre un esposo y una esposa. Y estoy agradecido por ese ejemplo mientras Kelly y yo caminamos juntos en matrimonio. Tal vez simplemente decir una palabra de gratitud y seguir adelante con la responsabilidad del amor verdadero sea el camino más piadoso para tomar.

Y mientras camino con Dios y con ella, seguiré reflexionando sobre la pregunta: "¿Por qué me ama?" Y Kelly probablemente seguirá amándome y, de vez en cuando, preguntándome en qué estoy pensando.

¡De vuelta otra vez al principio de la *página*!

—Kim Lanier

# Alimento Para El Pensamiento

A menudo es diffcil creer que alguien nos ama porque nuestros pensamientos y acciones no siempre son dignos de ser amados. O tal vez luchamos con un sentido de confianza o valor propio. Por eso, encontrar a alguien que acepte todas nuestros defectos, imperfecciones y fallas es realmente asombroso.

El amor verdadero no es un romance de cuento de hadas ni una emoción mágica. Se trata de comprometerse a cultivar un amor que perdure. Y el amor duradero surge cuando sabes y entiendes que eres mejor con tu cónyuge que sin él. Se logra al dar sin esperar nada a cambio y al aceptar sus fortalezas y debilidades.

Considera las siguientes ideas, a medida que te comprometes a amar a tu cónyuge de manera que dure toda la vida:

- ✓ Comparte tus esperanzas y sueños. Construyan juntos visiones emocionantes en las que tu cónyuge pueda verse participando y apoyándote.
- ✓ Expresa tu aprecio por las tareas cotidianas, de esas que se realizan y no se notan. Nunca des por hecho que tu cónyuge sabe que estás agradecido. Dile "Gracias" por:
  - Mantener los platos limpios.
  - Llenar el tanque de gasolina del auto.
  - Revisar el correo.
  - Trabajar arduamente para alimentar a la familia.
  - Cortar el césped o doblar la ropa, incluso cuando está cansado.
- ✓ Escucha a tu cónyuge en lugar de ofrecer soluciones a cada problema. Apaga tu teléfono celular y presta atención a lo que te está diciendo.

# ¡JUEGUEN LIMPIO TODOS!

PARTE DE LA MISIÓN de los padres es enseñar a sus hijos a "portarse bien" con los demás niños. Este aprendizaje implica compartir, no quitarle el juguete de otro niño si lo está usando, no poner apodos, no *acosar ni formar grupitos para molestar a los otros. Queremos que nuestros hijos aprendan a convivir bien,*
¿verdad? Entonces, ¿por qué muchas parejas casadas no hacen lo mismo entre *ellos?*

Durante la preparación para una mudanza, mi esposa Dwaina y una amiga estaban empacando la cocina. Yo (Patrick) entré en la cocina para hacerle una pregunta a Dwaina. Ella respondió amablemente. Así que, al obtener la información que necesitaba, me retiré. Al salir de la cocina, la amiga de Dwaina se dio vuelta y le preguntó: "¿Siempre se tratan así de bien entre ustedes?"

"Bueno, sí", respondió Dwaina, "la mayoría del tiempo, al menos". Su amiga estaba *sorprendida*.

No mucho después de eso, Patrick estaba reunido con un hombre. Mientras Dwaina pasaba por el comedor, le dio una palmada en el hombro a Patrick y le preguntó si necesitaban algo. Nuevamente, después de que ella salió de la habitación, el invitado miró a Patrick y comentó: "Vaya, eso es inusual".

Patrick preguntó: "¿Qué *cosa?*"

"La forma en que se hablaron entre ustedes. ¿Eso es normal para *ustedes?*"

Un pasaje en Efesios enseña que la manera en que nos hablamos entre nosotros es realmente importante. Así es como Pablo se lo expone a los cristianos en Éfeso:

> *Eviten toda conversación obscena. Por el contrario, que sus palabras contribuyan a la necesaria edificación y sean de bendición para quienes escuchan. No agravien al Espíritu Santo de Dios con el que fueron sellados para el día de la redención. Abandonen toda amargura, ira y enojo, gritos y calumnias y toda forma de malicia. Más bien, sean bondadosos y compasivos unos con otros y perdónense mutuamente, así como Dios los perdonó a ustedes en Cristo.*
> *Efesios 4:29-32 NVI*

Estos versículos nos dicen que nuestras palabras impactan al menos tres *relaciones:*

- Tu relación con la persona a la que le hablas (versículo 29).
- Tu relación con aquellos que escuchan cómo hablas (la última parte del versículo 29).
- Tu relación con Dios. Las palabras no edificantes entristecen al Espíritu Santo de Dios (versículo 30).

Este pasaje nos da instrucciones para vivir como cristianos. En el versículo 31, se nos enseña las cosas que debemos eliminar como parte de nuestra vieja naturaleza pecaminosa. Y luego, el versículo 32 nos dice lo que necesitamos practicar para vivir como nuevas personas en Cristo.

En resumen, ¡COMPÓRTENSE BIEN, *CHICOS!*

—Patrick & Dwaina Six

TOUCHING BASE "CONECTADOS"

# Alimento Para El Pensamiento

Convertirse en una persona que se comporta bien con los demás, requiere adquirir ciertos buenos atributos y abandonar algunos malos. Haz una lista de las cosas que debemos dejar, como está escrito en Efesios 4:31. Luego, señala las cosas que debemos poner en práctica, como se expresa en el versículo *32*.

Al comparar las dos listas, ¿con qué elementos (buenos o malos) te identificas más? ¿Qué necesita *cambiar?*

El versículo 31 dice que debemos despojarnos *de:*

_____

_____

_____

_____

_____

El versículo 32 nos dice que *debemos:*

_____

_____

_____

_____

_____

# VAN A EXTRAÑAR ESTO

MATRIMONIO Y FAMILIA. Es el maravilloso plan y regalo de *Dios*.

Nuestra familia creció junta todo el tiempo, ¡literalmente, 24 horas cada día! Llevamos la convivencia a un nivel completamente diferente. Jajaja.
Los estacionamientos de las iglesias con nuestro remolque... un solo baño... CONVIVENCIA.

Los niños aún se ríen del "tiempo de la siesta" que le mandábamos a tomar, porque apenas podían moverse al otro extremo del remolque. Y los sentíamos... "¡NIÑOS! ¡Ustedes No están *durmiendo!*"
*Y pueden imaginarse lo que esto significa como pareja casada, ¡de la forma que su imaginación desee! Jajaja.*

¡Pero qué divertido! No cambiaría nada.
Vimos el mundo *juntos.*
¡Y conocimos a un montón de *personas!*
Cantamos y ministramos juntos... ¡Qué *BENDICIÓN!*

------------- ¡VAN A EXTRAÑAR ESTO! -------------

Cuando Sherman y yo estábamos estudiando para graduarnos como músicos, de la Universidad Wayland, yo estaba concentrada en terminar mi carrera. ¡Y lo logré!

Pero, viniendo de una familia de educadores, mis padres me dijeron: "¿Y por qué no obtienes la certificación de enseñanza, K-12? ¡Nunca sabes dónde o cuándo podrías necesitarla!"

¿Sabía yo que Dios nos llamaría a viajar a tiempo completo como artistas? *No.*
¿Pero, usó Él la sabiduría de mis padres? *¡Sí!*

Cuando llegó el momento de educar a los niños en casa, estaba preparada. No cambiaría nada. Tuve la bendición de ser quien los escuchó leer por primera vez, quien los vio resolver su primer problema de matemáticas.

Juntos a lo largo de 38 años de matrimonio, hay algunas lecciones y consejos que se han aprendido sobre la familia, los hijos y hasta los nietos, útiles para compartir.

1. **Una familia no es un club, sino un Equipo.** Y los miembros:

   | Club | Equipo |
   |---|---|
   | *Aparecen* | Tienen el mismo objetivo en *mente* |
   | Siempre están en su *teléfono* | Tienen el mismo *propósito* |
   | Hacen cosas *diferentes* | Conectan a *diario* |
   | Tienen vidas *separadas* | Comparten un vínculo *"único"* |
   | Van de aquí para *allá* | Disfrutan de tradiciones *compartidas* |
   | Pensar de manera *individual* | Hablan "Ustedes, *Todos*" |

2. **Llevarlos a Cristo.** Llevarlos a la iglesia. Leer la Biblia juntos y tener devocionales. Hablar de Dios a menudo y compartir lo que Él está haciendo en sus vidas.

3. **Estar presente.**
   Deja de limpiar y escucha ese cuento exagerado. Lee ese libro.
   Juega ese *juego*.
   Deja el teléfono y la computadora. Lanza esa pelota de fútbol o béisbol. Juega ese juego por la 100ª vez.
   Escucha con atención. Está presente.

   ------------- ¡VAN A EXTRAÑAR ESTO! -------------

4. **No dejes que tu vida o tu caminar cristiano contradigan tus palabras.** Que estén alineados.
¿Somos perfectos? No. Pero que te vean *intentándolo*.

5. **Pedir perdón.** Tus hijos creerán que eres perfecto mientras son pequeños. Pero a medida que crecen, sabrán que no lo eres. Déjales verte ser real, humilde. Pide perdón cuando sea necesario.

6. **Mantener un frente unido.** Sé consistente con las reglas y la disciplina. Incluso cuando no estén de acuerdo, tengan un solo plan de acción frente a ellos.

7. **Trabajar duro.** Disfrutar con intensidad. Enseña a tus hijos a tener una buena ética tanto para el trabajo, como para el tiempo libre. Este equilibrio es una clave valiosa para su éxito en cualquier cosa que decidan hacer en la vida. Esfuérzate por enseñarles a encontrar ese balance, no solo hablándoles de ello, sino mostrándoles cómo hacerlo con tu ejemplo.

8. **Recordar que ellos aprenderán cómo se forma un matrimonio y una familia de ustedes dos.** Sé un modelo para ellos. Ten citas con tu pareja y demuéstrales el valor de la relación.

9. **Enseñar sobre prioridades.**
   a. Dios es lo primero.
   b. El cónyuge es lo segundo.
   c. Los hijos son lo tercero.
   ¡Muchos matrimonios tienen todo esto en el orden *equivocado*!

Un gran número de matrimonios nos dicen *que:*

- Nunca vieron a sus padres pelear, así que no supieron cómo resolver el conflicto. ¡Resuelvan los conflictos de manera saludable, mostrando a sus hijos cómo manejar desacuerdos!
- Nunca vieron a sus padres ser afectuosos. Jamás. Entonces como pareja:
  ABRÁCENSE,
  BESÉNSE,
  BAILEN DELANTE DE ELLOS.
  ¡MÍRENLOS GRITAR,
  CHILLAR
  Y SALTAR EN MEDIO DE USTEDES!

10. Nada les da más seguridad a tus pequeños que observar que mamá y papá se gustan y se aman.
    ¡Muéstraselos todos los *días!*

    Y finalmente, no te atrevas a parpadear... *porque...*

------------- ¡VAN A EXTRAÑAR ESTO! -------------

—Tammy Aten

TOUCHING BASE "CONECTADOS"

# Alimento Para El Pensamiento

La Biblia dice que aprendemos y crecemos a partir de las experiencias de otros. Trabaja para implementar los consejos sabios contenidos en este devocional de un matrimonio que ha pasado por muchas experiencias a lo largo del tiempo. Sé bendecido mientras integras estas ideas en tu familia.

# SOBRE LOS AUTORES

Sherman y Tammy Aten han servido a Dios en el ministerio a tiempo completo desde noviembre de 1990. Son conocidos por muchos como líderes de adoración y como los fundadores de las conferencias para *parejas Three2One*. *Dios ha puesto en el corazón de los Aten un profundo deseo por la adoración auténtica* en el Cuerpo de Cristo, así como una pasión por matrimonios y las familias centrados en Él.

Ministraron junto a su hijo, Josh, y su hija, Brooke, bajo el nombre de "La Familia Aten", liderando la adoración en más de 2000 iglesias de diversas denominaciones en 14 países. Actualmente, dedican un promedio de 30 semanas al año a ministrar como pareja, sin la compañía de sus hijos, tanto en los Estados Unidos como a nivel internacional.

Un enfoque especial de las conferencias Three2One son las parejas Pastorales. Dios les ha permitido ministrar a pastores y esposas en Ucrania, Pakistán, Portugal, España, Venezuela y, recientemente, a los pastores y sus esposas, que trabajaban en la clandestinidad, llevados a Turquía.

Sherman actualmente sirve como miembro del consejo de administración de Wayland Baptist University, su alma mater, donde juntos, él y su esposa estudiaron música. Tammy comenzó sus estudios de piano en North Texas State antes de transferirse a WBU, donde completó su Licenciatura en Educación Musical.

Ambos son consejeros certificados en pre-matrimonio "Together in Texas", y entrenados como facilitadores de Prepare & Enrich. También sirven como parte del personal de la Iglesia Bautista Acton en Granbury, Texas, donde viven y es la sede de su ministerio.

Pero lo más importante, tienen cuatro nietas: Jennah (¡con "h"!), Charlee (¡Daniels!), Presley Jo Leigh y la más reciente incorporación, la señorita Kinna Blair.

# COLABORADORES

Patrick and Dwaina Six han estado casados por 40 años y tienen dos hijos adultos y una nieta. Viven en Amarillo, TX. Patrick ha hecho un cambio de carrera tras 36 años de ministerio en iglesias de Texas y Oklahoma, donde fue  Pastor Principal y Ministro de Familias. Ahora se dedica a formar a la próxima generación de líderes cristianos en una Academia Cristiana, donde enseña la Biblia. Dwaina ayuda a personas a ser buenos administradores de sus finanzas como Asesora Financiera. Han liderado eventos en el ministerio matrimonial en todo los Estados Unidos y en el extranjero desde 1993.

 Lennie y Alice Gilroy están jubilados y viven en el Lago LBJ en Kingsland, TX. Se casaron en 1985 y tienen un hijo, una nuera y dos nietos. La pareja dedicó sus carreras profesionales a ser oficiales de policía y editores de periódicos. Trabajaron codo a codo como oficiales de policía en Houston, en el condado de Floyd y en Austin. Durante 23 años, Alice fue la editora

y directora del periódico del condado de Floyd, con la colaboración de Lennie en las áreas de producción y distribución, además de servir como comisionado del condado. Ambos han formado parte de la junta directiva de Aten Ministries por más de 30 años.

Creyendo que el matrimonio es nuestro segundo testimonio más grande, Bobby y Margie Manthei han facilitado ceremonias de renovación de votos matrimoniales en América del Norte, América Central, América del Sur y Asia Oriental. Bobby se ha jubilado recientemente de su cargo como Líder de Asuntos Públicos y Gubernamentales en la industria del gas natural y el petróleo. Margie posee una certificación vitalicia como Superintendente Escolar en el estado de Texas y se jubiló como administradora escolar. A lo largo de su carrera educativa, se destacó como docente de inglés en la secundaria, especialista en diagnóstico educativo y consejera de orientación. Sus tres nietos, Maren, Samuel y George, los motivan a mantenerse jóvenes y a buscar nuevas aventuras. Bobby y Margie residen actualmente en Aledo, TX.

Ed y Elizabeth Plants viven en Kirkwood, Missouri, y han estado casados durante 40 años. Tienen seis hijos *adultos y una nieta. Ed es el pastor de la Iglesia Bautista Geyer Road. Elizabeth es profesora de matemáticas* en la Universidad y en la escuela secundaria. Son oradores experimentados en conferencias para matrimonios en los Estados Unidos y han sido miembros de la Junta Directiva de Aten Ministries durante más de 30 años.

Scott y Lori Dix. Scott es Pastor bivocacional y Pastor Asociado en la Iglesia Bautista Waples, ubicada en Granbury, Texas. Además, trabaja como Ingeniero Principal de Sistemas en Lockheed Martin, en Fort Worth. Lori se desempeña como profesora en Wee School , de la Iglesia Bautista Acton, también ubicada en Granbury. La pareja tiene tres hermosas hijas: Jennifer, Alyssa y Brianna. Además, un yerno, Tyler Cole, y tres preciosos nietos: Hunter, Cooper y Aubrey.

Glenn y Carolyn Ward residen en Richardson, Texas. Glenn nació en Abilene, Texas, y creció en varios lugares, incluyendo Anson, Vega y Snyder. Trabajó en el Campamento Bautista de la Cuenca Pérmica, donde conoció a Carolyn Springer durante el verano posterior a su graduación de la preparatoria. Dos años después, Glenn y Carolyn se casaron y se graduaron de la Universidad Hardin-Simmons. Glenn sirvió en iglesias en Anson, Fort  Griffin y Clyde, en el oeste de Texas, antes de llegar a la Primera Iglesia Bautista de Acton, cerca de Granbury, Texas, donde fue pastor durante más de 37 años. Tras jubilarse, se desempeñó como Director de Misiones de la Asociación Bautista Paluxy durante once años. Carolyn enseñó en la escuela durante dieciséis años antes de jubilarse. Además, tiene dos llamados para servir a la obra de Dios: apoyar a mujeres que viven con enfermedades mentales (como ella misma) y animar a las mujeres. Los Ward tienen tres hijas, dos yernos y dos nietos. ACTUALIZACIÓN: El hermano Ward partió a estar con el Señor en 2024.

El Dr. Joe y Nancy Stewart residen en Seminole, Texas, donde Joe se desempeña como Pastor Principal de la Primera Iglesia Bautista, marcando su 35.º año en el ministerio. Nancy es músico de gran talento y decoradora de interiores, además de participar como expositora en conferencias matrimoniales a nivel nacional e internacional. Los Stewart celebran actualmente 42 años de matrimonio y tienen tres hijas y cinco nietos.

¡Dios permitió que Kim y Kelly Lanier experimentaran el "premio gordo" del matrimonio dos veces! Kim fue superintendente escolar durante casi 40 años. Estuvo felizmente casado con Sue, su gran amor de la secundaria, y esperaba con ansias disfrutar

de sus años de jubilación junto a ella. Sin embargo, el primer día de la jubilación de Kim, Sue fue diagnosticada con cáncer de páncreas y falleció seis meses después. Por su parte, Kelly Randles también estuvo casada durante 38 años con Jon, su gran amor de la secundaria. Jon fue un pastor y evangelista increíble que vio a miles entregarse a Cristo como su Salvador durante su extenso ministerio. Jon decidió dejar su trabajo como evangelista itinerante para servir como pastor principal de Victory Life Church en Lubbock, Texas. Sin embargo, pocos meses después de mudarse a Lubbock, fue diagnosticado con cáncer de páncreas. A pesar de su enfermedad, Jon predicó todos los domingos hasta el final de sus días, nueve meses después. Hoy en día, el clan Randles/Lanier está *compuesto por nueve hijos adultos, 17 nietos y un bisnieto. Kim y Kelly viven en Mustang, Oklahoma, junto a su bulldog francés, Gus.*

Marshall y Brooke (Aten) Cochrum contrajeron matrimonio en enero de 2020 y actualmente sirven como Pastores de Jóvenes en la Iglesia "His Place Fellowship" en Paris, Texas. Marshall, exjugador de baloncesto universitario y luchador de MMA (sí, mide 2.06 metros), está viviendo su sueño como ministro de jóvenes y entrenador. Además de entrenar baloncesto, imparte clases de defensa personal en una escuela cristiana. Por su parte, Brooke Aten se graduó en la Universidad Bautista de Dallas con un titulo en Negocios Musicales y se unió al equipo de trabajo de la Iglesia Fielder en Arlington, Texas. Allí se convirtió en una parte esencial del ministerio de adoración, colaborando como co-líder y co-escritora junto al pastor de adoración y su equipo. Sin embargo, lo más emocionante hasta ahora es que Marshall y Brooke han dado a los Aten (Poppi y Gigi) su segunda nieta biológica: ¡la pequeña Kinna Blair Cochrum!

# INFORMACIÓN PARA CONTACTARNOS

Para programar una conferencia o hacer una consulta sobre precios de este libro al mayor, por favor utilice los siguientes detalles de contacto:
Aten Ministries - PO Box 5925 - Granbury, TX 76049
*atenmin@gmail.com*
Sitio web: *www.a10s.org*

*Facebook: https://www.facebook.com/AtenMinistries*
    Three2One Marriage Conferences

www.ingramcontent.com/pod-product-compliance
Lightning Source LLC
Chambersburg PA
CBHW060503090426
42735CB00011B/2095